부자언니

부자
연습

Rich

부자언니 부자연습

지은이	유수진
펴낸이	오세인
펴낸곳	세종서적(주)

주간	정소연
기획	이진아콘텐츠컬렉션
책임 편집	이진아
편집	김하얀
디자인	전성연 전아름
마케팅	유인철
경영지원	홍성우

출판등록	1992년 3월 4일 제4-172호
주소	서울시 광진구 천호대로132길 15 3층
전화	(02)775-7011
팩스	(02)776-4013
홈페이지	www.sejongbooks.co.kr
포스트	post.naver.com/sejongbook
페이스북	www.facebook.com/sejongbooks
원고 모집	sejong.edit@gmail.com

초판 1쇄 발행 2017년 5월 17일
　　　20쇄 발행 2024년 5월 30일

© 유수진, 2017

ISBN 978-89-8407-626-6 03320

가난한 공주
부 자 되 기
프 로 젝 트

부자언니
부자
연습

유수진 지음

세종
서적

돈을 키우려면
나부터 커야 한다

"그래, 결심했어! 부자가 되는 거야!"

『부자언니 부자특강』을 읽고 부자가 되겠다고 결심했다는 말을 많이 들었다. 한 달에 백 얼마 버는 평범한 월급쟁이지만 나도 부자가 될 수 있다는 희망을 얻었다는 이야기도 많았다. 책은 예상보다 큰 호응을 얻어 베스트셀러 목록에 올랐고 네이버 카페 〈부자언니 유수진의 부자 재테크〉(이하 〈부자언니〉) 회원도 세 배 가까이 늘었다.

자기 방에 CCTV 달아놓은 줄 알았다며 다 자기 이야기 같았다는 독자도 있었고, 쿠팡부터 위메프, 티몬까지 스마트폰에 빽빽이 깔려 있던 쇼핑 앱을 싹 지우고 재테크 관련 앱으로 바꿔 깔았다는 독자도 있었다. 왜 돈을 아껴야 하는지 깨닫고 지름신을 영접하지 않게 됐다는 독자, 언니가 추천해준 책 읽고 동영상 보며 경제 공부 시작했다는 독자, 아르바이트를 두 개씩 하면서 1년 동안 1,000만 원을 모았다는 독자도 있었다.

가끔 길을 가다 젊은 여자들을 보면 마음이 짠할 때가 있다. 힘없는 얼굴, 움츠린 어깨로 저만치서 걸어오는 그녀들을 보면 그 나이 때의 내 모습이 겹치면서 어깨를 꼭 안아주고 싶어진다. 그런 그녀들에게 『부자언니 부자특강』으로 선한 영향력을 끼친 것 같아 기뻤다. 믿고 따라와 준 그녀들이 정말 고마웠다. 언니를 만나기 전과 만나고 난 후의 삶이 달라졌다는 소리를 들으면 세상을 다 얻은 것 같았다.

그런 소리를 들을 때마다 대한민국 국민을 모두 부자로 만들 수 있을 것 같아서 신이 났다. 대한민국이 부자가 되는 가장 빠른 길은 젊은 여자들을 부자로 만드는 거니까. 젊은 여자들한테 부자되는 법을 제대로 알려주면, 그녀들이 결혼해서 남편에게 이 비법을 잘 가르쳐줄 테고, 아이들도 잘 가르쳐 부자로 만들 테니까. 그래서 내게는 젊은 여자들이 제일 중요하다.

이렇게 소중하고 젊고 예쁜 여자들도 나이를 먹어간다. 그런데 나는 그녀들이 나이 들어가는 모습을 지켜보는 것이 좋다. 그냥 나이만 먹는 게 아니라 성장해가기 때문이다. 집안 형편이 어렵고 월급도 적어 저축할 여력이 없던 고객이 나와 인연을 맺으면서 한 걸음 한 걸음 부자의 길에 다가서는 걸 보는 것만큼 흐뭇한 일도 없다.

나와 10년째 함께하는 한 고객은 얼마 안 되는 월급을 쪼개 열심히 종잣돈을 만들더니 그 돈으로 투자를 해서 계속 돈을 불려나갔다. 남자친구가 생겼다며 사진을 보여주던 때가 엊그제 같은데 벌써 아이를 낳고 고급 아파트도 두 채나 샀다. 남자친구의 재무 상태도 상담했고 결혼 뒤에는 부부가 함께 재무 상담을 했다. 아이를 낳았을 때는 아이 앞으로 사줄 주식 종목을 고르고 아파트를 구입할 때도 함께 고민했다. 지금도 꾸준히 투자하며 자산을 불려나가는 그녀를 보면 이 일을 하기 정말 잘했다는 생각이 든다.

사촌이 땅을 사면 배가 아프다는데, 그 어떤 직업인이 남이 땅 사고 집 사는 것을 내 일보다 더 기뻐할 수 있을까? 어떤 직업으로 고객과 인생을 함께할 수 있을까? 한 고객과 5년, 10년을 함께하면서 부자가 될 그릇으로 커가는 모습을 보는 건 정말 보람 있는 일이다. 아이가 없어서 잘은 모르지만 아마 아이를 키우는 기분이 이렇지 않을까 싶다.

자산관리는 돈만 관리하는 것이 아니다. 재테크는 숫자가 아니라 인생 그 자체니까. 내 고객들이 남자친구가 생기면 사진을 보여주는 것도 재테크와 무관한 일이 아니다. 연애와 결혼은 재테크에 영향을 미치는 여러 가지 인생의 변수 가운데 하나이고, 우리는 이런 거의 모든 변수들을 빼놓지 않고 소통한다. 그러다 보니 어떨 때는 작두를 타는 경지에 이른다.

"이 남자, 고집 세지?"

"헉! 어떻게 아셨어요?"

"사진 보면 딱 나와. 얼굴에 '고집'이라고 쓰여 있네. 이런 관상이 고집이 세. 남의 말 절대 안 들어."

"와, 맞아요! 언니, 관상도 정말 잘 보시네요."

"그런데 걱정하지 마. 고집 센 거 말고 다른 걸로 속 썩이지는 않겠어. 성실하고 가정적일 것 같은데?"

"어머, 맞아요. 대박 대박!"

이 언니가 만 12년, 햇수로는 13년째 이 일을 하고 있다. 하루에 세 명만 만나도 12년이면 몇 명인가? 청담보살도 울고 갈 만큼 사람 보는 눈이 생긴다. 남자친구가 아니라 당사자에 관해 말해도 깜짝 놀란다.

"자기는 성향이 아주 보수적이네요. 남의 말 안 믿고 내가 다 검증해야 하는 스타일이시죠?"

"신기하다, 맞아요. 제 얼굴에 쓰여 있나요?"

얼굴이 아니라 수입과 지출, 투자 내역에 다 쓰여 있다. 은행에 정기적금만 하는 사람은 당연히 안정을 추구하는 보수적인 성향이다. 또 몇 마디만 나눠봐도 성격이 나온다. 남의 말 안 듣고 자기가 일일이 다 검증해야 믿는 스타일이 있다. 재테크에서 나쁜 자세는 아니지만 이때는 언니의 조언이 필요 없다. 어차피 이런 사람들은 스스로 공부하고 선택해서 투자해야 한다. 그래서 열심히 공부하고 스스로 투자하라고 조언하면 침울해져 울먹거린다. 언니가 도와주기 싫어서 이렇게 말하는 것이 아니다. 이런 특징을 가진 사람들은 타인의 조언을 받아들이기보다는 그렇게 해야만 직성이 풀리는 성미이기 때문이다.

어쨌든 많은 여자들이 『부자언니 부자특강』을 읽고 찾아와서 눈을 반짝이며 상담을 받고 희망에 차서 집에 돌아간다. 이미 가슴에 불은 질러졌다. 결심을 했으니 당장 부자가 될 것만 같다. 언니가 부자되려면 금융 공부를 해야 한다고 했으니 추천 도서도 전부 사고, 언니가 매일 쓰라고 한 'Thank You List'와 'To Do List'를 쓰기 위해 다이어리도 한 권 산다. 언니가 싼 옷 여러 벌 사지 말고 질 좋은 기본 아이템을 갖추는 게 현명한 소비라고 했으니 싸구려 옷은 다 버리고 비싼 걸로 블랙과 화이트 상의, 하의를 한 벌씩 구입한다.

지금 하는 일 열심히 하고 가슴 뛰는 일은 취미에서 찾으라고 해서 카메라도 한 대 사고, 매일 마시는 커피 값만 아껴도 연 15퍼센트 수익을 내는 것과 같다니 커피 머신도 사고, 웬만한 거리는 걸어 다니려고 쿠션 좋은 운동화도 산다. 내일부터는 허리띠 바짝 졸라매고 종잣돈을 모아야 하니 마지막으로 신상 가방 하나를 산다. 명품 백 안 들어도 나는 그 자체로 명품이니 소가죽 가방치곤 저렴한 14만 9,000원짜리다.

이제부터는 진짜 아껴야 한다. 나같이 부자되려는 여자들만 모였다는 카페에 가입해 게시판에 글도 쓰고 매일 출석 체크를 한다. 언니 말대로 적자의 원흉인 신용카드도 과감히 잘라버리고 매일 가계부도 쓰고 야식도 줄인다.

그렇게 한 달이 지났더니 오, 정말 지출이 줄었다. 두 달이 지나자 종잣돈 모으는 통장에 80만 원이 모였다. 목표했던 100만 원에는 못 미치지만 뿌듯하다. 그렇게 석 달째 접어든 어느 날, 베프가 전화를 한다.

"야, 너 휴가 때 같이 보라카이 가기로 한 거 안 잊었지? 위메프에 3박 5일 패키지 나왔는데 겁나 싸. 이 가격엔 절대 못 가. 지금 잔여 수량 세 개야. 매진되기 전에 일단 내가 결제할게. 나중에 내 계좌로 쏴줘."

1년 전부터 한 약속이라 못 간다고 할 수도 없고, 다음은 없는 완전 싼 가격이라니 이번 한 번만 눈 딱 감고 다녀오기로 한다. 다녀와서 허리띠 더 졸라매면 되지, 뭐.

대학교 때 갔던 일본 말고 해외여행은 처음이라 준비할 게 많다. 종잣돈 통장에서 친구한테 계좌 이체를 하고, 챙 모자랑 선글라스랑 샌들이랑 원피스는 핸드폰 소액 결제로 산다. '너무 돈을 많이 쓰나?' 싶지만 후회는 잠깐, 택배 아저씨 언제 오시나 벌써부터 가슴이 설렌다.

그렇게 다녀온 보라카이는 바다도 예쁘고 음식도 괜찮고 남자들도 친절하고 환상적이었다. 우기라서 걱정했는데 날씨도 좋았고 사진도 잘 나와서 화보가 따로 없었다. SNS에 올렸더니 다들 난리가 났다. 아, 이 맛에 해외여행 가는구나.

빨리 부자가 돼서 해마다 해외여행을 가야겠다고 다짐하고 긴축 재정에 들어간다. 지출을 만회하기 위해 아끼고 또 아낀다. 그런데 쓴 것을 다 갚고 나니 통장에 돈이 없다. 이렇게 해서 언제 종잣돈 모으나 슬슬 짜증이 나기 시작한다. 길어봐야 100년뿐인 인생, 무슨 영화를 누리겠다고 지지리 궁상을 떨어야 하나? 이제는 하루에 몇 번씩 들어가던 카페에도 발길을 뚝 끊는다. 늙어서 부자되면 뭐 해? 젊을 때 행복해야지. 부자가 되기로 결심한 지 넉 달째, 결국 원위치로 돌아간다.

언니 말대로 꾸준히 따라와 주는 사랑스러운 그녀들이 있다면 이렇게 몇 달 잘하다가 그만둬 버리는 안타까운 그녀들도 있다. 주식 투자해서 100만 원 벌면 뭐 하나, 여행 한 번 갔다 오면 말짱 도루묵인데.

돈을 키우려면 내가 자라야 한다. 내가 성장해야 돈도 커나간다. 모든 부자가 훌륭한 인격의 소유자는 아니지만 부자가 되어가는 과정은 인격을 수양하는 과정이다. 결국 부자가 되는 것은 인간이 성숙해가는 것이다.

절제하지 않으면, 인내하지 않으면, 마음을 다스리지 않으면, 자존감을 키우지 않으면, 단단한 자아를 만들지 않으면 돈은 내게 머무르지 않는다. "주인님은 나를 가질 자격이 없어" 하고 떠나버린다. 나는 성장하지 않고 돈만 자라기를 바라는 한, 결코 부자가 될 수 없다.

그래서 이 책을 썼다. 『부자언니 부자특강』을 쓸 때보다 더 바빠졌고 여전히 하루에 대여섯 시간 자면 많이 자는 편이지만 쓰지 않을 수 없었다. 앞선 책이 부자가 되겠다는 동기를 부여하는 책이라면, 이 책은 그 첫 마음을 잃지 않고 10년, 20년 꾸준히 갈 수 있는 마음의 근육을 길러주는 책이다.

중도에 포기한, 또는 책을 덮은 후 시작도 안 한 그녀들을 위해서 언니가 다시 나섰다. 여자들을 부자되게 하는 일을 언니가 포기할 줄 아는가? 천만의 말씀! 언니는 한다면 하는 사람이고, 의리로 먹고사는 여자다.

씩씩하게, 다시 한 번 시작해보자.

PART 1

가난한 공주,
체질 개선이
필요하다

1

(신이 나를 빚으실 때
끈기는 빼먹으셨나 보다)

/ 쉬운 선택은 이제 그만 /

"언니, 저 한 달에 모으는 돈 조금만 줄이면 안 돼요?"

"언니, 저 해외여행 가고 싶은데 이번만 목돈에서 꺼내 쓰면 안
돼요?"

"저 이번에 결혼할 때 집 사는 데 돈 보태야 해서 지금 하고 있
는 주식이랑 펀드 다 해약해야 할 것 같아요."

아니, 생활비 줄이기로 해놓고 도리어 모으는 돈을 줄이시겠
다고? 여행은 내 돈이 벌어온 수익금으로 가기로 했잖아! 최소한
3,000만 원은 모아야 뭔가 투자를 시도라도 해볼 게 아니냐고요!

시집갈 때 현금으로 얼마를 남겨놓고 결혼 비용을 쓰느냐에 따라서 나중에 다시 종잣돈으로 불어나는 속도가 얼마나 차이나는데! 종잣돈이 있어야 그 돈이 나 대신 일을 해서 부자되게 해준다니까? 이분들이 진짜! 그 돈 모아서 나 주는 거 아니잖아요. 왜 내가 자기들한테 돈을 모으라고 계속 부탁하고 설득해야하는 거지? 도대체 왜요? 왜? 왜? 왜?

의지박약이라는 오래된 불치병이 돌고 있다. 드라마 속 주인공들의 사랑을 가로막는 그놈의 불치병 때문에 시청자들의 마음이 애절해지듯, 부자되는 여정에서 도지는 고객들의 불치병 때문에 언니의 마음이 애절해진다. 재테크를 시작한 지 3개월 또는 6개월, 아니면 9개월째에는 꼭 의지박약이라는 병이 재발한다.

금수저가 아닌 이상 종잣돈을 만드는 일은 필수다. 그런데 이놈의 지구력이 문제다. 한번 통장에 돈을 넣어놓으면 내 돈이 아니다 하고 장기전에 돌입해야 하는데 그러기에는 지구력이 딸리는 것이다. 돈을 지키려는 의지도 없다. 어느 정도 돈이 모였다 싶으면 귀신 들린 듯 쓸 데가 떠오른다. 써버리지 않으면 누가 훔쳐갈 것만 같은 생각도 든다. 돈은 써야지 또 들어온다는 엄마 말씀이 맞는 것 같다.

그래서 써버린다. 목돈을 깨기도 하고 생활비를 원래 수준으로 늘리기도 한다. 사고 싶은 걸 못 참겠고 아껴 쓰는 게 힘드니까 쉬운 것을 선택한다. 우리는 선택의 순간에서 자꾸 쉬운 선택을 한다. 만약 친구가 내일 소개팅에 나가는데 어떻게 하면 애프터를 받을 수 있겠냐고 물어오면 많은 사람들이 이렇게 대답할 것이다.

"리액션을 잘해야 돼. 눈 동그랗게 뜨고 '어머, 정말요?' 하면서 관심 보이고, 고개 열심히 끄덕이면서 맞장구쳐 줘. 안 웃겨도 깔깔대고 웃고, 감탄사 날려주고, 멋있고 대단하다고 치켜세워. 그럼 남자는 우쭐해져서 여자가 자기한테 호감 있다고 생각하고 좋아해."

그런데 이것보다 더 쉬운 방법이 있다. 원장님께 도움을 받는 거다. 이마는 볼록하게 채우고 눈은 앞뒤를 베란다 확장하듯 터서 크게 만들고 콧대에 필러 좀 맞아주면 확실히 예뻐진다. 예쁜 여자가 리액션 잘하는 여자보다 애프터 받을 확률이 더 높다.

곰곰이 생각해보자. 남자한테 제일 예쁜 여자는 누굴까? 청순가련형 미인? 서구형 미인? 성형 미인? 천만에! 처음 보는 여자다. 여자친구가 미스 코리아면 뭐 하나, 처음 보는 여자가 더 예쁜데. 그래서 성형수술 백날 해봤자 소용없다. 어차피 시간 지나면 예쁘나 안 예쁘나 똑같다.

하지만 취향이 있고 자기 생각이 있는 여자는 예쁘지 않을지 몰라도 멋있다. 볼수록 매력 있다. 그래서 점점 예뻐 보인다. 무슨 음악을 좋아하냐는 물음에 "케이팝도 좋고 제이팝도 좋고 음악은

다 좋아요"라고 하는 여자와 "저는 재즈를 좋아해요. 재즈는 사람의 목소리도 악기가 될 수 있다는 걸 보여주죠. 악보 없이도 순간순간 다른 악기들과 대화하듯 연주할 수 있는데, 그럴 때 연주자들도 카타르시스를 느끼지만 관객들에게도 뮤직 테라피가 돼요. 그리고 재즈는 엇박이 있어요. 저는 살사를 추는데 살사에도 엇박이 있거든요. 그래서 재즈가 더 좋아요. 요새 재즈는 월드 뮤직으로 가고 있는데 저는 라틴 계열의 타악기 연주를 자주 들어요." 이렇게 말하는 여자 가운데 누가 더 매력적일까?

토끼 같은 리액션을 하는 건 어렵지 않다. 어머님이 낳으신 나를 원장님이 빚으시는 것 또한 돈 들이면 되는 일이니 쉽다. 하지만 취향을 갖는 것은 어렵다. 시간도 들고 노력도 든다. 그래서 취향을 갖고 멋진 여자가 되기보다는 성형수술을 하고 동안 화장법을 배우고 예쁜 옷을 사 입고 리액션을 연구한다.

부자가 되기로 결심했다면, 어려운 것을 선택해야 한다. 쓰기보다 모으고, 놀기보다 공부하고, 충동에 따르기보다 계획을 따라야 한다. 남의 이야기에 신경 쓰지 않고 내 갈 길 갈 수 있어야 하고 다른 사람들이 쉬운 선택을 할 때 어려운 선택을 할 수 있어야 부자의 길에 가까워진다. 인생은 선택의 결과로 만들어진다. 누구나 하는 쉬운 선택을 하는 사람들에게는 다른 사람들과 같은 삶이 기다리고 있을 것이고, 남들이 하지 않는 어려운 선택을 하는 사람들에게는 남들과 다른 삶이 선택의 결과로 주어질 것이다.

/ 오늘의 만족을 내일로 미루자 /

왜 부자가 되고 싶냐고 물어보면 다들 비슷하게 대답한다.

"쓰고 싶은 만큼 쓸 수 있잖아요."

"돈에 구애받지 않고 하고 싶은 걸 마음껏 할 수 있으니까요."

그렇다. 우리는 돈을 펑펑 쓰기 위해 돈을 많이 벌고 싶어 한다. 이렇게 생각하는 사람도 많다. '나한테 1,000만 원을 줘봐라, 내가 하루에 다 못 쓰나.' 그런데 이미 돈이 많은 사람들은 어떨까?

워런 버핏Warren Buffett의 재산은 72조 원이다. 하루에 1억 원씩 써도 1년이면 365억 원. 그렇게 100년을 써야 겨우 3조 6,500억 원이다. 하지만 버핏의 나이 올해 87세. 앞으로 13년만 살아도 장수하는 셈이니 "다 쓰지도 못할 돈, 나나 주지"라는 말이 절로 튀어나온다.

그렇게 돈이 많은 그가 사는 집은 80년이나 된 평범한 주택이다. 이발은 동네의 허름한 이발소에서, 밥도 동네 식당에서 먹는다. 그는 왜 돈을 펑펑 쓰지 않을까?

워런 버핏이나 빌 게이츠처럼 돈이 많은 사람이 매일 1억 원씩 쓰지 않는 이유는, 돈이 많기 때문이다. 하루에 1억이 뭔가, 10억도 쓸 수 있으니 오히려 돈을 쓰고 싶은 생각이 안 든다. 하지만 우리는 늘 돈이 없다. 돈이 없어서 하고 싶은 것과 사고 싶은 것들을 원대로 못하고 참아야 한다. 그러니 조금만 돈이 생겨도 쓰고 싶어 몸살을 앓는다. 다른 때는 아무 생각 없으면서 쇼핑할 때는 앞날을 생각하고 만약의 경우를 대비한다. 평소 몸에 딱 붙는 니트 원피스는 안 입지만 나는 앞으로 살을 뺄 거고 구매평에 예쁘다고 다들 난리니까 장바구니에 집어넣고, 레인부츠는 신어본 적 없지만 만약 올여름에 비가 많이 온다면 필요할 수도 있으니 20퍼센트 세일하는 김에 장바구니에 집어넣는다. 우리는 늘 돈을 쓰고 싶어 안달한다. 올리브영에 면봉 사러 갔으면 면봉만 살 것이지, 향기 나는 온열 안대는 왜 사고 암만 신어봐야 붓기도 안 빠지는 압박 스타킹은 왜 또 사냐고!

부자들이 돈을 펑펑 쓰지 않는 또 다른 이유는, 절약하는 습관이 몸에 뱄기 때문이다. 즉 만족을 미루는 것이 체질화되어 있는 것이다. 남들은 부자가 근검절약까지 한다며 칭송하지만 그들에게는 아끼는 것이 그냥 일상생활이다. 투자를 할 때도 그들은 지금 당장의 만족이 아니라 내가 원하는 수준에 다다랐을 때 느끼는 만족을 훨씬 더 중요하게 여긴다.

버핏이 우리도 잘 아는 맥주 브랜드인 호가든, 버드와이저, 코

로나를 만드는 앤호이저부시컴퍼니스의 주식을 사들일 때 이렇게 말했다고 한다.

"드디어 내가 원하는 가격대가 됐군. 나는 이 주식을 사기 위해 25년 동안 매년 연차 보고서를 받아봤거든!"

원하는 것을 얻기 위해 무려 25년을 기다린 워런 버핏. 우리도 버핏처럼 오늘의 만족을 내일로 미루고, 내일의 만족은 또 모레로 미루며 끈기 있게 가보자.

/ 지금 한 개냐, 나중에 열 개냐 그것이 문제로다 /

1966년, 스탠퍼드 대학의 심리학자 미셸$^{W. Mischel}$은 네 살짜리 아이들 650여 명을 대상으로 그 유명한 '마시멜로 실험'을 했다.

"이 마시멜로를 지금 먹어도 좋아. 하지만 내가 돌아올 때까지 먹지 않고 기다리면 상으로 한 개를 더 줄게."

어떤 아이들은 기다리지 못하고 마시멜로를 먹어버렸고, 어떤 아이들은 15분 동안 참고 기다려 한 개를 더 받았다. 물론 눈앞에서 유혹하는 마시멜로에 넘어간 아이들이 훨씬 많았다. 참은 아이들은 30퍼센트에 불과했다. 그리고 15년 후, 실험에 참가했던 아이들을 추적 조사한 결과 마시멜로를 먹지 않고 참았던 아이들이 그러지 않았던 아이들보다 대학수학능력평가시험^{SAT} 점수가 210점이나 높았다. 학업 이외의 부분에서도 훨씬 성공적인 삶을 살고 있었다(반면 마시멜로를 제일 먼저 먹어버렸던 아이들은 정학을 당하는 빈도도 높았고 충동 조절을 못하는 등 문제를 일으켰다).

15년이 아니라 30년 후에 조사를 했다면 두 그룹의 차이는 훨씬 크지 않았을까? 아마도 한쪽은 부자가 되어 있고 다른 쪽은 빈자가 되어 있었을 것이다. 그렇다. 당장의 만족을 추구하는 사람은 부자가 될 수 없다. 미래를 위해 참고 기다리는 사람만이 부자가 될 수 있다.

그런데 마시멜로를 먹지 않고 15분이나 기다린 네 살짜리들은 어떻게 먹고 싶은 마음을 참을 수 있었을까? 이 아이들은 전략을 사용했다. 눈앞의 마시멜로를 잊기 위해 손으로 눈을 가리거나 다른 곳을 보거나 노래를 부르는 등 나름대로 무척 노력했다.

네 살짜리 아이들도 했는데 우리라고 못 할 리 없다. 나한테 맞는 전략을 쓰는 것이다. 즐겨찾기해둔 쇼핑몰이 자꾸 지름신을 부른다면 그 쇼핑몰 말고 다른 쇼핑몰도 여기저기 들어가서 사고 싶은 것을 장바구니에 담아두고 각 사이트들끼리 비교 분석을 해보자. 그러다 보면 눈이 빙글빙글 돌아가고 멀미가 날 것 같아서 사고 싶은 마음이 싹 사라질 것이다. 해외여행 다녀온 지 3개월 밖에 안 됐는데 또 엉덩이가 들썩들썩한다면 여행 가고 싶은 도시를 하나 정해서 가봐야 할 곳과 맛집들, 쇼핑 리스트를 검색해보자. 여행 책을 만들 기세로 공부하다 보면 이미 그 나라에 다녀온 것 같은 생각이 들고 들썩거리던 엉덩이도 좀 잠잠해질 것이다. 이렇게 해도 안 되는 사람들에게는 『누가 내 지갑을 조종하는가』(마틴 린드스트롬 지음, 박세연 옮김, 웅진지식하우스, 2012)라는 책과 EBS 다큐프라임 〈자본주의〉 2부 "소비는 감정이다"편을 추천한다. 당장 돈이 쓰고 싶을 때 마치 총을 맞은 것 같은 효과가 있을 것이다.

또 내 돈이 모이면 언제 얼마나 되는지 로드맵을 그려보는 것도 도움이 된다. 지금처럼 계속 쓰면 평생 돈이 불어나지 않을 거라고 예고하는 로드맵을 보면 지름신과의 접신이 끝나고 제정신으로 돌아올 것이다. 쇼핑몰 구경하면서 콧노래를 부르다가 앞으로 내 돈의 흐름을 내다보고 나면 현실을 직시하게 되는 효과라고나 할까?

뚜렷한 목표가 있다면 내가 왜 쉬운 선택을 하지 않고 지금 하고 싶은 것, 사고 싶은 것을 참아야 하는가에 대한 이유를 스스로 찾으며 끈기 있게 앞으로 나갈 수 있다. 하지만 아무리 강한 목적의식이 있어도 사람이다 보니 중간에 힘이 빠지고 지치는 순간이 올 것이다. 이럴 때는 식어가는 열정에 다시 불을 지필 수 있는 셀프 모티베이션이 필요한데 사람마다 모티베이션하는 방법은 다 다를 수 있다.

언니의 셀프 모티베이션 방법은 호텔 커피숍에 가는 것이다. 마음이 어지럽거나 느슨해졌다는 생각이 들 때면 그곳에 가서 커피를 한 잔 시켜놓고 한동안 멍하니 앉아 있는다. 마음에 먼지가 가라앉으면 다이어리를 꺼내서 해결하지 못한 문제들과 앞으로 해야 할 일들을 차분히 적어본다. 그렇게 시간을 보내는 동안 수많은 부자들이 호텔 로비를 오가며 비즈니스 미팅도 하고 티타임을 가지기도 한다. 그런 모습을 보며 나도 나이 들어서 저분들처럼 여유 있게 살려면 아직은 한참 파이팅하고 달려야 할 때라고 스스로 다짐한다. 그리고 '지금은 부담스럽지 않은 이 커피 값이 어느 순간 부담스러워지면 어떻게 하지? 다시 정신 차리고 더 열심히 살아야겠다'는 생각을 하며 에너지 게이지를 채워서 온다.

새벽시장에 가본다는 사람도 있다. 새벽부터 시장에 나와 일하면서 손님 한 명이라도 더 모으려는 상인들을 보며 '내가 이렇게 살면 안 되지!'라고 생각한다고 한다. 또 어떤 사람은 도시의 야경이 내려다보이는 곳에 올라가 혼자 사색의 시간을 갖는다고도 한다. '저렇게 수많은 건물과 아파트가 있는데 왜 저 가운데 내 집 한 채, 내 건물 한 채가 없는 걸까? 15년 후에는 꼭 건물주가 되고야 말겠다!'고 의지를 다지고 오는 것이다. 어떤 방법이라도 좋으니 스스로 열정의 온도를 다시 올릴 수 있는 나만의 방법을 찾아보자.

이런! 옆길로 너무 샜다. 다시 미셸 박사님 얘기로 돌아가자. 미셸 박사는 1980년대에도 같은 실험을 했다. 이번에는 마시멜로 그릇에 뚜껑을 덮었다. 결과는 어땠을까? 그저 뚜껑을 덮어 마시멜로를 보이지 않게 하는 방법만으로도 기다리는 아이들의 수가 훨씬 늘어났다. 이처럼 작은 장치 하나만 해놓아도 돈 쓰고 싶은 마음을 참을 수 있다. 그러니 내게 맞는 방법을 찾아보자.

마지막으로 또 한 가지 재미있는 마시멜로 실험이 있다. 아이들한테 공작 놀이를 하자고 한 다음 다른 재료를 더 줄 테니 기다리라고 한 뒤, 어떤 그룹의 아이들에게는 약속대로 재료를 주고 어떤 그룹의 아이들에게는 주지 않았다.

"색종이가 있는 줄 알았는데 찾아보니 없구나. 얘들아, 미안해."

공작 놀이가 끝나고 마시멜로 실험을 했을 때, 어떤 아이들이 마시멜로를 먹지 않고 잘 참았을까? 바로 실험 팀이 재료를 주겠다고 한 약속을 지킨 그룹의 아이들이었다. 무려 64퍼센트의 아이들이 참고 기다렸다! 기억하시는가? 첫 마시멜로 실험에서는 30퍼센트였다. 반면 약속이 지켜지지 않은 그룹에서 15분을 기다린 아이는 고작 7퍼센트였다. 실로 엄청난 차이다.

왜 이런 결과가 나왔을까? 15분을 참으면 정말 하나를 더 받을 수 있는지 믿기 어려웠던 것이다. 아까 재료를 더 가져다주겠다더니 없다고 하지 않았나? 이번에도 그러지 말라는 법이 없는데 뭘 믿고 기다리겠나? 기다린다고 마시멜로를 하나 더 받을지, 못 받을지 확실하지도 않은데 말이다. 그래서 믿음이 중요하다. 가슴에 손을 얹고 생각해보라. 정말 부자가 될 수 있다고 믿는가? 아무리 부자가 되기로 결심했다지만 마음속 깊은 곳에서는 '내가 어떻게 부자가 되겠어?' 하고 생각하지는 않는가?

부자가 될 수 있다는 믿음이 없기 때문에 부자가 못 되는 것이다. 정말 부자가 될지 의심스럽기 때문에 돈이 생기면 쓰고 싶고, 로드맵대로 잘 가다가도 다시 제자리로 돌아온다. 투자라는 것이 오늘 시작하면 내일 당장 수익 나는 것이 아니다. 또 매번 수익을 볼 수 있는 것도 아니다. 어떤 때는 손해를 볼 때도 있고 어떤 때는 큰 이익을 볼 때도 있다. 그러나 부자가 될 수 있다는 믿음이 없는 사람들은 투자했다가 손해를 보면 '거봐! 역시 부자는 아무나 되는 게 아니야. 평범한 직장인이 투자해서 부자됐으면 너도나도 다 부자됐겠지'라고 생각하며 나는 부자가 될 수 없다는 자신의 생각에 근거를 만들어낸다. 그리고 부자로 가는 로드맵을 포기해버린다. 하지만 자신은 꼭 부자가 될 수 있다고 믿는 사람들은 투자해서 손실을 입더라도 반응이 다르다. '매번 수익만 나겠어? 그리고 어떻게 첫술부터 배가 부르겠어. 이것도 경험이야. 다음에 더 많이 수익 내면 돼.'

똑같은 정보를 줘도 고객들마다 돈이 불어나는 속도가 다르다. 결국 이 속도의 차이는 그들이 가진 생각의 차이에서 기인한다.

부자가 될 수 있다고 믿고 온 에너지를 집중해 기를 써야 한다. 힘들어도 밀고 나가야 한다. '이래서 안 되고 저래서 안 될 거야'라는 생각으로는 절대로 부자가 될 수 없다.

그러니 다시 한 번 나는 부자가 될 수 있다고 믿고, 오늘의 만족을 내일로 미루기 바란다. 이제 더 이상 입 아프게, 힘들겠지만 지출을 줄이고 저축을 늘리라고 말하고 싶지 않다. 그저 이렇게 묻고 싶다.

"지금 당장 한 개를 얻고 싶니? 아니면 나중에 열 개를 얻고 싶니?"

부자 미션

지인의 딸은 호기심 많고 행동력은 강하나 끈기가 부족했다. 그래서 스스로 선택한 방법이 두꺼운 책 한 권을 독파하는 것이었다. 워낙 책 읽는 걸 안 좋아해서 학창 시절에도 세계 명작 한 권조차 제대로 읽은 적이 없던 터라 야심 차게 도스토옙스키의 『카라마조프가의 형제들』을 골랐다. 얼마나 두꺼운지 처음에는 한숨만 나왔으나 이해되건 안 되건 일단 읽기 시작했다. 최소한 하루에 두 쪽은 읽기로 목표를 정한 뒤, 재미있는 부분이 나오면 열 쪽도 읽고 재미없고 어려울 때도 꾸역꾸역 두 쪽은 채웠다. 그렇게 매일 거르지 않고 읽어 마침내 한 권을 다 읽어냈을 때 그녀가 느낀 성취감은 대단했다. 어떤 일이든 꾸준히 할 수 있겠다는 자신감이 커졌고, 실제로 어떤 일을 할 때 중도에 포기하는 일이 줄어들었다.

이렇게 무언가 한 가지 목표를 정해 매일 조금씩 나눠서 해보자. 책 한 권 읽는 것으로 정해도 좋고 일주일에 몇 번을 정해두고 동네 산책을 하는 것도 좋다. 무엇이건 작은 목표를 정하고 그것을 이루어나가는 것을 연습하자. 큰일이 아니라고 해도 하나를 성공하면 또 다른 것도 도전할 수 있는 용기가 생긴다. 이렇게 작은 성공도 자꾸 쌓이다 보면 습관이 된다. 그리고 성공이 주는 기쁨으로 자존감과 인내심, 지구력이 길러진다. 오늘부터 작은 목표 하나를 정해서 바로 시작해보자.

2

(바빠서 재테크 못 하면
밥은 어떻게 먹니?)

/ 시간이 아니라 시간 관리가 없는 것 /

하루에도 몇 번씩 〈부자언니〉 카페를 들락거리다가 이내 잠수
를 타는 그녀들. 그렇게 잠수를 탔으면 해삼이나 미역이라도 건져
올 것이지 결국 손에 들린 건 0원을 향해 쾌속 질주하는 통장 잔
고뿐이다. 그러다가 다시 정신을 차리고 돌아와서 제일 많이 하는
말이 있다.

"제가 그동안 너무 바빴어요."

당장 처리해야 할 일들이 산더미 같은 나날이어서 재테크까
지 신경 쓸 여유가 없었단다. 너무 바빠서 시간도 없고 정신도 없

었단다. 그러나 재테크는 대단한 이벤트가 아니다. 밥 먹고 잠자고 일어나고 화장실 가는 것과 같은 일상이다. 재테크는 숨 쉬듯이 해야 한다. 아무리 일이 바빠도 아침에 일어나면 머리 감고 드라이하고 고데기까지 하고 출근하더만 뭐가 그렇게 시간이 없어? 바빠서 밥 먹을 시간도 없다지만 김밥이든 샌드위치든 그래도 밥은 먹고 평소보다 두어 시간 적게 잘지언정 잠도 잔다. 아무리 시간이 없어도 할 건 다 한다.

우리는 부자들보다 돈도 없는 데다 의지도 없고 끈기도 없고 게다가 시간까지 없다. 대체 우리한테 있는 게 뭐냐고!

하지만 절망하지 말자. 누구에게나 하루는 24시간이다. 다만 부자들은 하루를 깨알같이 쪼개 쓰고, 우리는 시간이 무한정 솟아나는 화수분이나 되는 양 계획 없이 마구 써댈 뿐이다. 사실은 시간이 없는 게 아니라 시간에 대한 관리가 없는 것이다. 바빠서 재테크를 못 하는 게 아니라 화장하고 친구랑 카톡하고 남자친구랑 데이트하는 것보다 재테크가 후순위인 것이다.

평소 하루를 어떻게 보내는지 생각해보라. 아침에 출근해 커피 한 잔 들고 동료들과 요즘 이슈인 드라마나 연예인 스캔들을 이야기하다 보면 시간은 벌써 아홉 시 반. 책상에 앉아 이메일 확인한 뒤 답장 몇 개 하고 기획안은 제목만 썼는데 어느새 열한 시다. 아직 점심시간이 되려면 한 시간이나 남았는데 배꼽시계는 벌써부터 밥 달라고 주책이다. '오늘은 뭘 먹지?'라는 고민이 서서히 고개를 들면서 회사 근처 맛집도 검색해보고 친한 동료들에게 톡을 보내 점심 약속을 잡는다.

그렇게 밥 먹고 차 마시고 수다 떨고 난 후 이 닦고 다시 책상에 앉았을 때는 한 시 반. 그런데 봄이 되니 식곤증이 쓰나미처럼 밀려온다. 오후 업무를 잘하기 위해서는 잠을 깨야 한다는 강한 의무감이 들어 유튜브에서 웃긴 동영상을 찾아보고 몰래 낄낄거린다. 중간중간 상사들의 심부름을 하거나 급한 업무를 처리하다 보면 시간은 훌쩍 다섯 시가 되어 있다. 어영부영 시간을 흘려보냈다는 후회와 자책이 급 밀려온다. 오늘 끝내야 할 업무가 아직 많으므로 칼퇴근은 불가능하다. 그래서 야근을 하기로 한다.

저녁 식사 시간은 어쩐지 더 여유가 있다는 생각에 밥 먹고 차 한잔 마시고 다시 책상에 앉으면 어느덧 시간은 일곱 시가 훌쩍 넘어 있다. 그때서야 야근이 시작되는데, 이때부터는 친구들이 가만 놔두지를 않는다. 만나자는 톡에 일일이 답장하고, 실시간으로 뜨는 친구들 모임이며 음식, 노래방 사진들을 확인하느라 일에 집중이 잘 안 된다.

세상에, 벌써 열 시가 되어버렸다. 몸도 피곤하고 야근도 했으니 집에 가는 길에는 택시를 탄다. 집에 돌아와 화장 지우고 씻고 옷 갈아입고 스마트폰 잠깐 했을 뿐인데 벌써 자정이다. 아, 피곤해. 하루가 이렇게 빨리 갈 줄이야. 정말 시간이 없어도 너무 없다.

/ 시간까지 펑펑 쓰면 어쩌겠다는 거야? /

일본의 한 경영 컨설턴트가 부자들의 생활 습관을 연구하면서 만여 명의 고소득자에게 이메일로 설문조사지를 보냈다. 그런데 이 과정에서 그는 뜻하지 않게 부자들의 공통점을 알게 됐다. 소득이 높을수록 설문조사지를 작성해서 답장하는 속도가 빠르다는 사실이었다.

하지만 우리는 어떤가? 이메일을 확인하고도 바로 답을 하지 않는다. 전화할 일이 있어도 미적거린다. 미리미리 해놓으면 좋으련만 미루고 미루다가 마감에 임박해서야 부랴부랴 일을 시작한다.

하지만 부자들은 일을 미루지 않는다. 하나를 빨리 처리해놓아야 또 다른 일을 할 시간을 확보할 수 있기 때문이다. 중요한 일은 물론 사소한 일에서도 마찬가지다. 이를테면 언제 식사 한번 같이 하자고 말하면 대부분은 "네, 그래요. 시간 될 때 연락주세요"라고 답한다. 하지만 부자들은 바로 다이어리를 꺼내 든다. "언제? 나는 수요일 일곱 시랑 목요일 여섯 시밖에 시간이 없는데. 둘 중에 하나 고르세요."

부자들의 사전에는 '다음에', '시간 나면' 같은 여유로운 단어가 없다. 이미 스케줄이 꽉 짜여 있기 때문에 그 좁은 틈새에 새로운 약속을 끼워 넣는다. 하지만 우리는 어떤가? 시간이 나기를 마냥 기다리다 식사 한번 하자는 약속은 흐지부지 사라지고 만다.

부자나 우리나 똑같이 시간이 없다고 말하지만, 시간을 쓰는 법은 완전히 다르다. 부자는 쓸데없는 곳에 낭비하지 않으면서 시간을 알차게 쓰고, 우리는 쓸데없는 곳에 시간을 쓰다 보니 정작 꼭 필요한 일을 할 시간은 없다. 그러면서 너무 바쁘게 살면 안 된다고 한다. 여유를 가져야 하고, 가끔은 멍 때리는 시간도 필요하다고 말한다. 아니, TV 보면서 멍 때리고 스마트폰 보면서 멍 때리는 게 일상인데 무슨 멍을 또 때려?

시간이 없는 이유는 결단과 행동이 느리기 때문이기도 하다. 부자들은 일단 판단이 서면 행동이 매우 빠르다. 하지만 우리는 행동하기까지 시간이 많이 걸린다. 이미 머릿속으로 판단해놓고서도 행동을 미루거나, 판단 자체를 미루기도 한다. 재무 상담을 해보면 안다. 지출 통제도 잘하고 돈도 잘 모으고 투자도 열심히 하는 사람들은 결단이 빠르고 행동도 빠르다. 하지만 지출 통제도 잘 안 되고 이제 막 돈을 모으기 시작한 사람은 생각하는 시간도 며칠이 걸리고, 행동하는 데도 한참 걸린다.

/ 내 돈 훔쳐가는 시간 도둑을 잡아라 /

시간 없어서 재테크를 못 한다고 핑계만 대지 말고 이제부터는 시간을 지혜롭게 사용해보자. 우선 멀리해야 할 것이 TV다. 간장 게장이 밥도둑이라면 TV는 시간 도둑이다. 리모컨 쥐고 소파에 드러누워 TV를 보다 보면 두어 시간은 금세 가버린다. 거기에 주 말에 서너 시간씩 TV를 더 본다고 하면 한 달에 70여 시간, 꼬박 3일이다.

그렇다고 TV를 끊으라는 소리는 아니다. 정치, 경제 동향을 알 수 있는 뉴스와 양질의 다큐멘터리는 꼭 보시라. 편성표를 참고해 원하는 것만 골라 봐도 좋고, 요즘은 다운로드해볼 수도 있으니 계획적인 TV 시청도 가능하다. 언니 방에는 TV가 없다. TV 볼 시간도 없지만 꼭 봐야 한다면 스마트폰으로 볼 수 있고 유튜브에 서도 볼 수 있기 때문이다.

웹 서핑도 또 다른 시간 도둑이다. 실시간 검색어가 뜨면 궁금 해서 일단 클릭해본다. 뉴스 기사가 여러 개 뜨지만 구체적인 내 용이 나오지 않으니 관련 내용을 포스팅한 블로그를 찾아가거나 카페 글을 찾아 읽다 보면 어느새 한 시간이 지나가 있다.

SNS는 또 어떤가? 친구들의 타임라인을 구경하다가 '좋아요' 누르고 댓글로 대화 몇 번 주고받다 보면 금세 또 한 시간이 훌쩍 지나 있다. 요즘은 재미있는 동영상이나 자극적인 뉴스 그리고 멍 때리기 좋은 모바일 게임도 많아서 웹에서 낭비하는 시간이 점점 늘어나고 있다.

하나 더, 온라인 쇼핑 같은 시간 도둑도 드물다. 우리는 샴푸 하나를 사더라도 꼭 후기를 읽어야 하고, 가격도 일일이 비교해서 최저가를 건져내야 한다. 샴푸 사러 들어갔다가 배송비 아끼려고 뭐 더 필요한 것 없나 둘러보기까지 한다. 그러다가 모발에 단백질을 공급해서 푸석푸석한 머릿결을 윤기 나게 만들어주고 남자들이 반할 만큼 향기도 끝내준다는 헤어 에센스도 사고, 이참에 머리 색깔 좀 바꿔볼까 싶어 염색약도 하나 산다. 이렇게 몇 시간이 흔적도 없이 지나간다.

'인맥'이라는 말로 포장되는 사람들과의 잦은 만남도 문제다. 혼자 있는 시간이 심심하고 외로워서, 모두들 모이는데 나만 빠지기 좀 그래서, 친구가 같이 가달라고 부탁해서 사람을 만나고 모임에 나가는 건 아닌지 생각해볼 필요가 있다. 주변에 사람이 많은 게 좋아 보이겠지만, 정말 그런지 냉정하게 판단해보라.

손에 쥔 모래처럼 새나가는 시간만 막아도 우리의 시간은 훨씬 늘어난다. 물론 바쁠 것이다. 정말로 일도 많고 밥 먹을 시간도 없을 것이다. 언니도 그렇다. 피곤한 날에는 비타민 주사라도 한 대 맞고 싶지만 병원 가서 누워 있을 시간을 내기조차 어렵다. 베트남 투자를 위해 호찌민만 1년에 너덧 번을 가고, 여전히 살사를 추고, 스케줄이 빡빡한 날엔 점심과 저녁을 연달아 거르기도 한다. 그런데도 얼마 전부터 영어 공부를 시작했다. 미국 투자를 시작하면서 영어의 필요성을 새삼 절실히 느꼈기 때문이다.

결론은 똑똑하게 시간을 쓰자는 것, 그리고 아무리 바빠도 부자로 가는 길을 미루지 말자는 것이다. 우리가 정말 바빠서 재테크할 시간이 없는 것인지 재테크하는 데 시간을 낼 마음이 없는 것인지 잘 생각해보자. 재테크는 반짝 이벤트처럼 잠깐 하고 마는 것이 아니라 밥 먹고 숨 쉬는 것과 같은 일상이 되어야 한다. 밥 먹고 숨쉬기 위해서 따로 시간을 낼 필요가 없듯 재테크도 나의 생활 중 일부로 녹아들어 있어야 꾸준히 할 수 있다는 것을 잊지 말자.

부자 미션

할 일 목록, 즉 To Do List를 시간 단위로 상세하게 쓰자. 이렇게 하면 하기로 했던 일, 해야만 하는 일을 놓치지 않게 된다. 할 일을 끝내고 목록에 줄을 그을 때는 그게 책상 정리든 전화하기든 아무리 작은 일이라도 속이 다 시원하고 뿌듯해진다. 이렇게 To Do List를 쓰면 시간이 없어서 못 했다는 말은 대부분 거짓말이었다는 사실도 깨닫게 된다.

3

(쿠크다스 멘탈들은
재테크를 못한다)

/ 연애는 연애고 재테크는 재테크다 /

그녀들이 재테크를 못하는 이유 중 "일이 너무 바빴다"와 쌍벽
을 이루는 것이 바로 '멘탈 붕괴'다.

"힘든 일이 있어서 우울증 직전까지 갔거든요. 멘붕이 와서 재
테크에 신경 쓸 여력이 없었어요."

살다 보면 당연히 힘든 일이 있다. 베프라고 믿었던 친구가 알
고 보니 내 험담을 그렇게 하고 다녔고, 인간적으로 잘해줬던 직
장 후배가 나랑 상사 사이를 이간질하고 있었고, 사랑하는 오빠가
납득할 수 없는 이유로 이별을 통보하고, 상견례를 하고 전셋집까

지 계약했는데 결혼이 파토나기도 한다.

사내 연애를 하는데 남자친구가 내 제일 친한 동료랑 바람이 났다. 도저히 회사를 더 다닐 수가 없었다. 그래서 직장 때려치우고 집에 들어앉아 있는데 이제는 둘이 공공연하게 애정 표현을 한다느니 제주도로 여행을 갔다느니 하는 소리가 들려온다. 배신감에 치가 떨리고, 이렇게 방 안에 틀어박혀 분노만 곱씹다가는 정신병에 걸릴 것 같다.

'나하고도 안 간 제주도를 갔다고? 흥, 그까짓 제주도. 난 유럽 갈 거다. 가서 너보다 잘생기고 너보다 매너 좋은 남자 만나서 진짜 연애다운 연애를 할 거다!'

직장도 그만뒀겠다 종잣돈 만든다고 모아둔 돈도 있겠다 냉큼 비행기 표를 끊는다. 통장 잔고가 0원이 되건 말건 부자되는 로드맵이 어그러지건 말건 상관없다. 아니, 상관없다는 생각조차 없다. 그저 부글부글 끓는 격한 감정 아니면 바닥까지 가라앉는 우울함이 온 정신을 지배할 뿐.

실연해서 가슴이 찢어질 것 같은데 재테크할 정신이 어디 있냐고? 살다 보면 실연보다 더한 일이 쌔고 쌨데 그때마다 원점으로 돌아갈 건가?

물론 연애를 할 때는 이 남자가 세상의 전부인 것 같다. 오빠가 연락을 잘 안 하면 침울해지고, 오빠가 조금만 잘해주면 붕 떠서

날아다닌다. 하루에도 몇 번씩 조증과 울증 사이를 왕복하고 감정이 널뛴다.

하지만 연애는 인생의 전부가 아니며 남자보다는 내 인생이 중요하다. 우리는 연애하지 않는 사람을 '모태 솔로'라며 놀리고 애인 없는 친구에게 연애를 강권할 뿐 아니라 남자를 엮어주려 애쓰기까지 한다. 그런데 연애가 뭐 별건가? 영화 같은 사랑을 하고 있는 듯한 사람들도 자세히 들여다보면 다 거기서 거기다.

사귀는 동안 진심을 다하고 그 사람에게 충실한 것과, 남자한테 목매고 오빠의 말 한마디 행동 하나에 감정이 널뛰는 것은 다른 문제다. 연애는 하되 부자가 되겠다는 목표를 잊지 말자. 오빠가 한눈을 팔든 나한테 소홀하든 그건 그거고 재테크는 재테크다.

만약 오빠가 떠난다면 마음은 아프겠지만 쿨하게 보내주자. '똥차 가면 벤츠 온다'고 더 좋은 오빠가 반드시 나타난다. 나는 그때까지 부자되는 길을 차근차근 밟으면 된다. 또 벤츠가 안 온다 해도 무슨 상관인가? 내가 벤츠인데.

/ 사는 게 지옥인데 돈이라도 많아야지 /

가족 때문에, 남편 때문에, 시댁 때문에 사는 게 지옥인 여자들 가운데 돈에 집착하는 경우가 있다. '세상도 사람도 다 싫고 돈이나 왕창 벌어보자'는 마음이다. 하지만 심리 상태가 안정적이지 않으니 투자를 해도 손해 보면 어쩌나 안달복달하고 진득하게 기다리지 못한다. 그렇지 않아도 마음이 힘든데 재테크 스트레스까지 겹쳐 상태는 더욱 안 좋아진다.

2016년 미국 대통령 선거 때였다. 막바지에 해외 언론이 트럼프 당선을 예측했을 때 나는 〈부자언니〉 카페에 이런 글을 올렸다.

"트럼프가 당선되면 수가가 내려가고 시장이 요농질 테니 마음 단단히 먹으세요. 하지만 주식시장 쇼크가 오래가지는 않을 거예요. 그러니 너무 걱정하지는 마세요."

대통령 선거는 주식 시장에 큰 영향을 미친다. 하물며 미국 대통령이다. 다시 회복세로 돌아선다 해도 예상외의 결과는 일단 충격으로 다가올 테고, 우리나라 주가도 전례 없이 하락할 것이 분명했다. 아니나 다를까, 게시판은 난리가 났다.

"언니, 주가가 왜 이렇게 떨어지는 거죠?"

"정말 트럼프가 대통령이 되면 어떡하죠? 지금보다 더 내려가면 어떡해요?"

"차라리 선거 결과 나오기 전에 팔아버리는 게 좋지 않을까요?"

"언니, 이러다 망하면 어떡해요?"

하루 종일 일도 못하고 뉴스와 주식거래용 HTS^{Home Trading System}만

번갈아보며 가슴을 졸였다는 사람도 있었다. 이럴 때 마음이 힘든 사람은 더 안절부절못할 수밖에. 인생이 고단하고 괴로워서 돈에 마음을 붙이려는데, 이놈의 돈이 마음을 더 힘들게 한다. 우리가 왜 투자를 하나? 행복해지려고 한다. 하지만 감정 조절이 안 되는 사람은 투자도 제대로 못할 뿐더러 투자 때문에 더 불행해진다. 이런 투자는 안 하느니만 못하다.

반면 부자들은 아무리 주가가 떨어져도 남의 일 보듯 한다. 마치 감정이 없는 사람 같다.

"주가가 많이 빠졌다고? 그거야 뭐 안 팔면 숫자에 불과한 거 아냐?"

상담을 하다 보면 여자들의 재테크에서 심리 상태가 얼마나 중요한지 매번 실감한다. 감정 조절이 안 돼 부자되는 길에서 자꾸 멀어지는 그녀들을 볼 때마다 언니는 고민했다. 심리학을 공부해야 하나, 철학을 공부해야 하나. 어떻게 해야 이 여자들 마음이 흔들리지 않게 꽉 붙들어 맬 수 있을까!

/ 부자가 되고 싶다면 마음 수련부터 /

그래서 언니는 마음 수련하는 법을 공부하기 시작했다. 그렇다.

언니는 댄서이자 수행자다. 시간 내기가 어려워 휴학과 복학을 반복하기는 해도 언니는 수행 지도자 과정에서 '사띠^{sati}' 수행을 공부하고 있다. 우리 말로 해석하면 사띠는 '알아차림'이라는 뜻이다. 내 마음을 알아차리고 내가 처한 상황을 알아차리는 연습을 계속해서 해나가는 것으로, 부처님이 열반에 이른 수행법이다. 원래 마음은 한 자리에 고요하게 머물러 있지 않는다. 계속 돌아다닌다. 이런 특성 때문에 우리 마음은 쉽게 피곤해진다. 남자친구가 카카오톡 메시지를 읽고도 답을 안 하면 꼬리에 꼬리를 물고 온갖 생각이 들기 시작한다.

바쁜가? 아니 바쁘면 카톡 확인은 어떻게 해? 그거 확인할 시간이 있으면 '나 회의 중' 이 정도 글자는 찍어줄 수 있는 거 아냐? 아니면 읽고도 답을 못할 상황인 건가? 혹시 딴 여자랑 같이 있는 거 아냐?

이렇게 끝없이 꼬리를 무는 생각에 끌려다니다 보면 우리 마음은 한없이 지쳐버린다. 그래서 마음을 어디 고정시켜 놓아야 하는데, 사띠 수행에서는 배나 발 등 몸의 한 곳에 마음을 가져다 놓는다.

또 마음이 힘들지 않으려면 마음의 탄력이 있어야 한다. 마음의 탄력이 좋으면 나쁜 일을 겪고도 금방 훌훌 털어버릴 수 있게 된다. 그런데 나이가 들면서 세상 사는 것에 지쳐 마음의 탄력이 떨어지다 보니 스트레스도 쉽게 받고 회복도 잘 안 된다. 다시 마음의 탄력을 키워야 한다. 어떻게? 마음을 운동시켜 근육을 만들어 줘야 한다.

숨을 쉴 때마다 움직이는 배도 좋고 걸을 때마다 움직이는 발도 좋다. 움직이는 곳에 마음을 갖다 두고 운동을 시키자. 배가 움직이거나 발이 움직이는 것을 '알아차림' 하는 것이다. 배나 발의 움직임에 마음을 두면 생각이 꼬리를 물고 일어나지도 않고, 작은 움직임으로 마음을 운동시킬 수 있다. 이것이 바로 사띠 수행법이다.

수행을 하다 보면 감정과 상황이 분리되는 경험을 하게 되는데, 내가 지금 처한 상황이 짜증스럽고 화가 나지만 그 상황을 바꿀 수 없으면 내 마음을 바꿔먹고 다스려야 하는 것이다. 상황은 상황이고 나는 그 상황 안에서 내가 할 수 있는 일을 할 뿐이다. 이렇게 되면 외부로부터 오는 스트레스에 훨씬 더 의연해질 수 있다.

자산관리 일을 하면 할수록 중요한 건 마음이라는 사실을 절감하게 된다. 모든 일에 일희일비하지 않으며 작은 것에 연연하지 않아야 부자가 될 수 있다. 그러려면 마음 수련부터 해야 한다.

가끔 마음의 감기에 걸린 여자들이 찾아온다. 그럴 때는 재테크 상담을 진행하지 않고 마음부터 다스리시라고 돌려보낸다. 그러면 또 서운하다고 울기도 하고 소중한 시간을 내서 여기까지 왔는데 가라고 한다며 화를 내기도 한다. 하지만 언니는 자산관리사이지 심리상담사나 정신과 의사가 아니다. 그리고 본인의 시간만 소중한 것이 아니라 언니의 시간도 소중하다. 감정 조절이 안 되는데 투자라는 거대한 스트레스를 참아낼 수 있을까? 투자 스트레스는 생각보다 크다. 평소에는 대인배이다가도 투자만 하면 작은 일에도 화를 내고 푼돈에 연연해 하는 모습을 보이는 사람이 한둘이 아니다.

미국 주식 시장은 우리 시간으로 밤에 시작한다. 대부분의 사람들은 자신이 거래하고 싶은 가격을 정해서 예약 매수를 걸어두고 잔다. 나 이 가격에 사겠다고 미리 주문을 해두는 것이 예약 매수다. 하지만 어떤 사람들은 단 몇 퍼센트라도 주식을 싸게 사려고 밤을 새기도 한다. 그렇게 1~2센트라도 더 쌀 때 사면 엄청 뿌듯하지만 전체 비중에서 따지면 몇 천 원 싸게 산 것일 뿐이다. (물론 종목에 따라서 다를 수는 있겠지만) 고작 몇 천 원 때문에 밤에 잠을 안 자 건강도 해치고 다음 날 회사 일에도 지장을 초래한다.

PB^private banker에게 주는 수수료를 아까워하는 사람도 많다. PB의 추천으로 어떤 종목에 투자를 하고 돈을 벌었다면 수수료를 지불하는 건 당연하다. 그런데 다른 증권회사에는 3년 동안 수수료를 안 내는 계좌도 있는데 뭐하러 PB를 지정해 수수료를 내냐고 펄쩍 뛰는 사람이 있다. 하지만 입장 바꿔 생각해보자. 수수료도 못 받는데 왜 그 사람이 나에게 정보를 주고 내 계좌를 관리해줘야 하는가? 수수료 아끼겠다고 관리자 없는 계좌를 사용하는 것이 정말 돈을 아끼는 방법인지도 생각해봐야 한다. 좋은 관리자에게 일을 시키려면 응당 수수료는 지불해야 하는 것 아니겠는가.

몇천 원 싸게 샀다고, 수수료 아꼈다고 좋아할 일이 아니다. 자기도 모르는 새 잃는 게 더 크다. 생각해보면 우리는 참 작은 일에 연연해 하고 푼돈에 목숨 건다. 여행에 몇백만 원 쓰고 집 살 때 몇억씩 쿨하게 쓰면서 당연히 지불해야 할 수수료는 아까워한다. 정작 시간과 에너지는 비효율적으로 쓰면서도 푼돈을 아낀 것에 기뻐한다. 평범한 사람들도 이럴진대, 마음이 편안하지 않은 사람은 몇 배 더 예민하게 반응하고 감정을 드러낸다. 마음이 불안하고 조급하니 크게 보지 못하고 길게 가지 못한다.

투자하기 전에 마음부터 먼저 다스리자. 투자도 결국 마음이 먼저다. 감정 조절이 안 되는 사람은 투자에서 결코 성공할 수 없다. 마음부터 잘 매만지고 담담하게 준비가 되면 그때 투자를 시작해도 늦지 않다.

4

(**귀가 얇아**
슬픈 여자들)

/ 남의 말 한마디에 /

프리랜서라 일하는 시간이 일정하지 않은 우리의 김 양. 최근 몇 달간 이어진 밤샘 작업으로 밤낮이 뒤바뀐 탓에 몸무게가 무려 10킬로그램이나 늘었다. 생활 리듬이 깨지니 식사 시간도 불규칙해지고 밤에 일하는 동안 계속 먹어댄 탓이다.

안 되겠다 싶어 다이어트를 시작했더니 보름 동안 2킬로그램이 빠졌다. 겨우 2킬로그램 빠졌을 뿐인데 몸도 훨씬 가볍고 통통 부은 것 같던 얼굴에도 라인이 생겼다. 이대로만 가면 10킬로그램을 빼는 데 두 달 반이면 될 것 같다. 이참에 원래 몸무게에서 3킬로그램을 더 빼서 날씬해지겠다고 다짐한다.

성공한 사람들은 원하는 바를 글로 적고, 결국 쓴 대로 이루어졌다고 하니 우리의 김 양도 다이어리에 '이달의 목표, 4킬로그램 감량!'이라고 쓰고 미래 일기도 쓴다. '20△△년 7월 1일. 일어나자마자 체중계에 올라서니 바늘이 49킬로그램을 가리켰다. 드디어 해냈다! 이제 미니스커트도, 민소매 블라우스도, 비키니 수영복도 입을 수 있다. 야호! 성공이다!'

일기까지 쓰고 나니 체중 감량 의지가 더욱 불타오른다. 마침 오랜만에 보는 친구랑 약속이 있어 화장도 정성 들여 하고 옷도 최대한 덜 뚱뚱해 보이는 것으로 골라 입고 집을 나선다. 지하철역을 나오면서 거울을 보니 확실히 살이 빠지기는 했다. 그렇게 뚱뚱해 보이지 않는다. 즐거운 마음으로 커피숍 문을 열고 들어서는데 정면에 벌써 와서 앉아 있는 친구가 보인다. 그런데 이 친구, 눈이 마주쳤는데 웃지도 않고 빤히 쳐다보기만 한다. 가까이 다가가자 그제야 아는 체를 한다.

"야! 너 갑자기 왜 이렇게 살쪘어? 못 알아봤잖아!"

순간 기분이 팍 상했지만 우리의 김 양, 애써 미소를 지으며 대답한다.

"갑자기 찐 거 아니거든? 너 못 본 동안 차곡차곡 찐 거지."

"웬만하면 살 좀 빼라."

친구는 계속 살 이야기만 한다. 아랫집에 이사 온 여자가 성격이 엄청 예민하다며 엄마가 밤에 발소리 죽이고 다니라기에 조심했는데 어느 날 엘리베이터에서 보니 전혀 예민하게 생기지 않은 덩치였다며 키득대지를 않나, 모델 하던 사촌동생이 살이 찌는 바람에 그만뒀다며 그놈의 살이 문제라고 혀를 차지 않나, 아주 속을 뒤집어놓는다.

집에 돌아와서도 상처받은 마음이 회복되지 않은 우리의 김 양, 다이어트고 뭐고 살 빼고 싶은 마음이 싹 가시면서 뜬금없이 족발이 당긴다. 배달시킨 족발 대짜 한 접시를 소주 한 병과 함께 싹 비운 김 양, 그대로 침대에 쓰러진다. 다음 날 아침, 혹시나 하고 몸무게를 재봤더니 역시나 그새 1킬로그램이 늘어버렸다.

"이놈의 외모지상주의 사회가 문제야. 뚱뚱하면 어때? 난 괜찮아. 뚱뚱해도 날씬해도 나는 나라고!"

결국 우리의 김 양은 살 빼기를 포기하고 다시 밤이건 낮이건 먹고 싶은 걸 아무 때나 먹어대기 시작했다.

다이어트에만 요요가 오는 게 아니다. 재테크에도 요요가 온다. 남의 말 한마디에 감정이 요동을 치기도 하고 의욕이 급 상실되거나 회의가 찾아온다.

"주식을 한다고? 내가 주식해서 안 망한 사람을 본 적이 없다."

"그 돈 있으면 집을 사야지 뭔 소리야. 전세가랑 매매가랑 별 차이도 안 나서 20평대 아파트에 충분히 투자할 수 있는데 왜 안 해."

"아가야, 애 학교 들어가기 전에 얼른 집 사라. 애 학교 보내고 나서도 여기저기 이사 다닐 거니?"

"그렇게 10원짜리에까지 벌벌 떨면서 살면 스트레스 안 받아? 돈도 돈이지만 네 정신 건강이 더 중요한 거야."

"애, 옷도 좀 사 입고 머리도 좀 하고 그래. 젊은 여자가 너무 검소해도 보기 안 좋아. 나중에 늙어봐, 아무리 꾸며도 거울 보면 한숨만 나온다. 젊을 때 예쁘게 하고 다녀."

우리는 남의 말에 참 잘 휘둘린다. 남의 말 듣고 옷에 머리에 돈 쓰고, 남의 말 듣고 집 사고, 남의 말 듣고 잘하다가 중간에 그만두고, 남의 말 듣고 부자되기를 멈춘다.

/ 킹카라는 말만 듣고 결혼할래? /

남자들처럼 남의 말을 너무 안 들어도 문제지만 너무 잘 듣는 것 역시 문제다. 남의 말을 듣되 그 말이 맞는지 틀리는지 알아보고 최종 판단은 내가 해야 하는데 판단까지 남한테 맡긴다. 실제로 이렇게 말하는 여자들이 있다.

"저는 잘 모르겠고, 그냥 언니 믿고 투자할게요."

"날 뭘 보고 믿어요? 그럴 거면 투자하지 않는 게 좋아요."

그러면 '언제는 언니 믿고 따라오라더니 이건 또 뭔 소리?' 하는 얼굴이 되는데, 이건 믿고 안 믿고의 문제가 아니라 자기 머리로 생각하느냐 안 하느냐의 문제다. 남들이 좋다고 하는 건 나도 해야 될 것 같고 남들이 안 좋다고 하면 그 자리에 멈춰 불안해하기 시작한다.

얼마 전에는 대선 주자 테마주에 투자했다가 손해 본 사람을 봤다. 대선 출마를 한 사람의 사촌이 운영하는 회사가 주목받는다는 소리에 덩달아 흥분해서 투자를 했는데, 그는 얼마 못 가 출마 포기 선언을 했다. 그 회사 주가가 얼마나 떨어졌는지는 안 봐도 비디오였다.

부동산의 경우도 공인중개사나 분양사 직원의 '역세권'이라는 말에 귀가 솔깃해지고 대형 마트 생기고 아울렛 들어온다는 말에 호재다 싶어 마음이 급해진다. 하지만 역세권도 역세권 나름이다. 유명한 마트 들어오고 무슨 아울렛 생긴다고 다 호재가 아니다.

부자들도 우리처럼 남의 말만 듣고 투자를 할까? 예상했겠지만 당연히 아니다. 우리는 열심히 살면 세상은 아름답게 흘러가고 나는 어느덧 부자가 되어 있을 거라고 생각한다. 내가 산 주식은 열 배, 스무 배 오를 것 같고 내가 산 아파트는 절대 값이 안 떨어질 것 같다. 우리에게 세상은 장밋빛이다. 하지만 부자들이 보는 세상은 기본적으로 잿빛이다. 그래서 확인되지 않은 건 믿지 않고 내 눈에 안 보이는 건 없다고 생각한다. 지하철이 연장된다는 기사가 나면 관공서에 전화를 해 담당자와 통화를 하고 그 내용을 녹음까지 한다. 개발이 예정된 지역이 있으면 토지이용계획확인원을 열람해 어디에 무엇이 들어서는지 체크하고 직접 가서 주민들 말도 들어본다. 그렇게 확인에 확인을 거쳤어도 더 믿을 만한 사람을 찾아가 크로스 체크를 한다.

"저는 잘 몰랐는데, 이쪽 잘 아는 사람 말 믿고 투자했다가 손해 엄청 봤어요. 그래서 이제 그 사람이랑 연락 안 해요."

"전 그냥 엄마 아빠가 시키는 대로 해요."

이런 이야기 들을 때마다 언니는 답답해서 돌아가시겠다. "저 사람이 우리 회사 킹카야"라는 친구 말 듣고 그 남자랑 결혼하겠다고 덤벼드는 거랑 뭐가 다르냐고!

/ 결국 책임지기 싫어서야 /

"이 상품 계속 유지해도 될까요? 아니면 해약할까요?"

상담하면서 가장 많이 받는 질문 가운데 하나다. 이때는 가입을 권유하고 관리해주겠다던 담당자에게 물어보는 것이 정답이다.

담당자가 사직했다면 해당 금융사 고객 센터에 연락해서 새 담당자 지정을 요청하고 관리를 부탁하면 된다.

"아는 사람한테 부동산 투자 권유를 받았는데요, 물건도 안 보여주고 일단 급하니까 계약부터 하래요. 마음에 안 들면 나중에 취소하면 된다고 하는데 이거 계약해도 되나요?"

할 말이 없다. 마음에 안 들면 이혼하면 되니까 일단 결혼부터 하고 보라는 소리랑 똑같잖아. 우리는 오빠랑 싸우고 나서도 오빠가 잘못한 건지 내가 잘못한 건지 친구들한테 물어본다. 하지만 누구도 정답을 줄 수 없다. 물론 '정답을 원하는 게 아니라 내 생각은 이런데 오빠는 아니라고 하니까 내가 이상한 건지 다른 사람들한테도 물어보고 싶었다'고 말하고 싶은 거 안다. 그래서 "니네 오빠가 잘못했네. 남자가 쩨쩨하게. 이참에 헤어져. 우리 나이 대 남자 인구가 여자보다 훨씬 많은 거 알지? 널린 게 남자야"라고 말해주면 얼굴이 밝아진다.

"그치? 오빠가 잘못한 거 맞지? 하여튼 밴댕이 소갈머리라니까. 내가 지금까진 참았지만 더는 못 참아. 전부터 그러고 싶었지만 이젠 정말 헤어질 거야."

그런데 며칠 후, 헤어진 줄 알았던 친구는 언제 싸웠냐는 듯이 다시 희희낙락 오빠를 만나고 있다. 게다가 쩨쩨한 남자 그만 만나라고 했던 말까지 고대로 전해서 나는 잘 사귀고 있는 커플 갈

라놓으려는 사악한 여자가 돼 있다. 혹은 자기가 헤어져놓고는 남자들 다 똑같다며 그래도 오빠가 진국이었는데 이게 다 너 때문이라고 펑펑 운다.

요는, 다른 사람의 조언을 구하고 그 말을 따랐다 해도 선택은 내가 한 것이니 책임도 내가 져야 한다는 거다.

내 돈을 지키는 건 바로 나다. 사기를 당해도 사기 친 놈이 진짜 나쁜 놈인 건 맞지만 그런 놈을 믿은 책임은 결국 내가 져야 한다. 아무리 5차 리오더까지 간 베스트 상품이라고 해도, 구매 후기 수백 개 가운데 나쁜 평이 하나도 없다 해도, 나한테는 안 맞을 수 있고 내 마음에 안 들 수도 있다. 그렇다고 누굴 탓하랴? 장바구니에 상품을 넣은 사람도 나고 결제를 한 사람도 난데.

우리가 참 잘하는 게 남의 탓이다. 핑계 대기도 정말 좋아한다. 그게 다 책임지기 싫어서다. 책임지기 싫어서 시시콜콜 다 물어보고('난 하라는 대로 했을 뿐이고 그러니 내 책임은 없어'라고 변명하기 위해), 절약하다 그만두고 돈 모으다 그만두는 것도 다 남의 탓이요, 투자에 실패해도 남의 탓이다. 그래서 재테크는 늘 도돌이표다. 더 나아가지를 못한다. 그러나 내 책임이라고 분명히 받아들여야 실패에서 배우고 투자에 신중해질 수 있다. 내가 스스로 판단하고 선택하는 과정이 쌓여야 내공이 생긴다. 언제까지 책임지기 싫어서 남에게 물어보고 확인받는 일을 반복할 것인가?

부자 미션

스스로 선택하고 책임지는 연습을 하자. 우리는 살면서 수도 없는 선택의 순간을 마주하게 된다. 그때마다 남에게 혹은 온라인 후기에 의지하지 말자. 선택도 기술이다. 무엇이 나와 잘 맞는지, 어떤 것이 효율적인지 잘 아는 사람들은 알아서 척척 선택한다. 남의 말에 귀를 펄럭이지 않고 자신의 스타일대로 밀고 나간다.

고집이 너무 세도 문제지만 재테크를 할 때는 자신의 생각이 뚜렷해야 한다. 나는 언제 남의 말에 가장 잘 휘둘리는가를 떠올려보고 메모하자. 남의 말을 듣고 선택한 것들이 얼마나 만족스러웠는지도 생각해보자.

남에게 의존하는 것들을 적어두고 상대적으로 좀 쉬운 것들부터 스스로 선택해보자. 이렇게 하다 보면 점점 선택하는 데도 요령이 생길 것이다. 그러다가 잘못된 선택을 하더라도 왜 그런 선택을 했었는지 앞으로는 어떻게 해야 하는지를 생각하며 고쳐나가자.

우리는 엄마 아빠 그늘에서 보호받는 어린아이가 아니다. 스스로 판단하고 선택하고 책임질 줄 아는 성인이다. 언제까지고 남들의 선택으로 내 인생을 채워나갈 수는 없다.

5

(나는 누구?
여기는 어디?)

/ 양은 냄비와 불나방 /

2킬로그램을 빼고도 친구의 말에 감정이 상해 다이어트를 그만
둔 우리의 김 양. 일하다가 배가 고파 짬뽕 라면을 끓여 먹으며 스
마트폰을 보다가 기적처럼 '덴마크 다이어트'라는 걸 알게 됐다.
굶지 않아도 되고 고기를 먹어도 된다니! 죽은 줄 안 딸을 만난 심
봉사처럼 두 눈이 번쩍 뜨인다.

이 좋은 걸 왜 나만 몰랐지? 얼마 전까지만 해도 간헐적 단식이
니, 레몬 디톡스니, 코코넛 오일 다이어트니 했던 것 같은데 언제
트렌드가 이렇게 바뀌었나? 심지어 덴마크 다이어트를 얼마나 많

이들 하는지 식단대로 도시락을 배달해주는 곳도 한두 군데가 아니다. 바로 불꽃 검색에 들어간다. 계란을 하도 먹어 입에서 닭똥 냄새가 나지만 2주에 5킬로그램은 확실히 빠진다니 우리의 김 양은 라면이 불어터지는 줄도 모르고 인터넷 쇼핑몰에서 3주치 덴마크 다이어트 도시락을 구매한다. 꼭 살을 빼서 자기도 날씬하지 않은 주제에 살쪘다고 구박하던 친구에게 살 좀 빼라고 한 소리 해줘야겠다.

드디어 도시락이 왔다. 소금도 없이 삶은 달걀을 한 끼에 세 개씩 아홉 개나 먹었더니 몸에서 양계장 냄새가 나는 것 같다. 이틀째와 사흘째 저녁 식단에는 소고기 스테이크와 삶은 닭고기가 있어서 그나마 살 것 같았는데 그 뒤로는 다시 삶은 달걀과 자몽과 블랙커피의 향연이다. 휘핑크림 가득 얹은 캐러멜라떼 한 잔만 먹었으면 소원이 없겠다.

너무 힘들다. 현기증도 나고 잠도 잘 안 오고 변비도 생겼고 무엇보다 속이 너무 안 좋다. 토할 것만 같다. 원래 위가 약하기는 하지만 이렇게 속이 안 좋은 적이 없었다. 알고 보니 원인은 자몽이었다. 약한 위에는 강한 산성 과일이 안 좋은데 삼시 세끼 자몽을 먹었으니 탈이 날 수밖에. 덴마크 다이어트 닷새째, 결국 우리의 김 양은 또 한 번 다이어트를 중단한다. 계란은 꼴도 보기 싫고 그동안 무염식을 했더니 간이 된 음식이면 다 천상의 맛이다. 그런데 어라, 자고 일어났더니 얼굴이 엄청 커졌다. 살이 찐 게 아니라 갑자기 몸에 나트륨이 들어와서 부은 거였다.

다시 아무거나 아무 때 먹는 생활을 이어가다가 여름이 오기 전에는 살을 빼야겠다고 다시 굳게 다짐한 김 양이 찾아낸 최신 인기 다이어트 방법은 '먹어도 괜찮아'와 '살 빠져라' 다이어트 약. '살 빠져라'를 식전 한 포, '먹어도 괜찮아'를 식후 한 포씩 먹으면 살찌는 걸 막아준단다. 역시 인터넷 쇼핑몰에서 한 달분을 구입한 김 양은 택배 아저씨 오시기 전에 마지막으로 프라이드 반 양념 반으로 치킨 한 마리를 시킨다.

다이어트뿐만이 아니다. 우리는 재테크마저도 남들 따라서 한다. 누가 달러 사서 환차익을 쏠쏠히 봤다는 이야기를 들으면 당장 달러를 사러 가고, 브라질 국채에 투자해서 돈 벌었다고 하면 너도나도 브라질 국채를 사재긴다. 베트남 금리가 7퍼센트 가까이 된다는 소리에 어떻게 하면 베트남 은행에 예금할 수 있냐고 물어보는 댓글이 줄줄이 달린다. 마치 날개가 타든 말든 불만 보면 달려드는 불나방들 같다. 혹은 화르륵 끓었다가 언제 그랬냐 싶게 식어버리는 양은 냄비들 같다.

다이어트든 재테크든 남들만 따라 하다가는 요요가 올 수밖에 없다. 내가 지방 과다인지 근육 돼지인지, 식이 조절을 해야 하는지 운동을 해야 하는지, 식이 조절을 한다면 어떤 방법으로 해야 하는지, 운동을 한다면 어떤 운동을 하고 어떤 운동은 하면 안 되는지 알아야 체중 감량에 성공할 수 있다. 그러려면 먼저 나에 대해 알아야 한다. 재테크는 더더욱 그렇다.

/ 난 지드래곤이 좋은데 왜 대성이가 날 좋아하지? /

나는 누구인가? 오늘부터 3박 4일 동안 생각해보길 바란다. 누가 "넌 어떤 사람이니?"라고 물었을 때 머뭇거리지 않고 바로 대답할 수 있을 만큼 곰곰이 생각해보시라. 하지만 우리는 내가 누구인지는 모르면서도 다른 사람에 대해서는 아주 잘 안다. 쟤는 착한데 우유부단하고 좀 게으르고, 얘는 열등감이 많아서 괜한 자존심을 부리고 허세가 심하고, 걔는 일단 시작은 잘하는데 끝을 못 맺고, 너는 생각이 너무 많아서 행동을 못 하는 게 탈이야 등등.

우리는 남에 대해서는 잘 알면서 정작 나는 누구인지 모른다. 나를 모르면 나한테 맞는 재테크 방법을 알 수가 없다. 부자의 길을 가다 중도에 포기하는 중요한 이유 가운데 하나가 나를 잘 몰라서다.

나를 알아야 다이어트도, 재테크도, 심지어는 연애도 성공한다. 나는 지드래곤이 좋은데 지드래곤은 날 안 좋아하고 내 스타일이 아닌 대성이가 날 좋아한다. 왜? 지드래곤에게 나는 매력적이지 않지만 대성이에게는 매력적이기 때문에.

이럴 때 나를 잘 분석해야 한다. 나의 어떤 점 때문에 지드래곤이 내게 호감을 못 느끼는지, 그리고 대성이는 무엇 때문에 나를 좋아하는 것인지, 그렇다면 어떻게 해야 지드래곤한테 어필할 수 있는지 생각해보자. 그리고 선택하는 것이다. 지드래곤에게 어필하기 위해 노력할 것이냐 아니면 대성이들 가운데 제일 괜찮은 사람을 만날 것이냐?

밥은 굶어도 연애는 쉬지 않는 여자들이 있다. 그녀들의 특징은 자신을 아주 잘 알고 있다는 것이다. 나는 이러이러한 사람이니까 이런 점을 고치면 이성에게 어필할 수 있고, 나를 좋아하는 부류는 어떤 남자들인지, 내가 좋아하는 부류에게는 어떻게 해야 호감을 얻을 수 있는지 다 꿰고 있다. 그래서 자신의 장점을 극대화하고 단점을 최소화해 이성에게 어필한다.

길을 가다 보면 키도 훤칠하고 잘생긴 남자와 평범한 외모의 여자가 팔짱을 끼고 다정하게 걸어가는 모습을 볼 때가 있다. 그럴 때 우리는 말한다.

"여자가 돈이 엄청 많은가 봐."

뭐 그럴 수도 있겠지만 꼭 그렇지만은 않다. 그녀는 자기 자신을 잘 아는 것이다. 자신의 어떤 점이 이 남자한테 어필할 수 있는

가난한 공주, 체질 개선이 필요하다 **63**

지, 나의 매력이 뭐고 나만의 경쟁력이 뭔지 잘 알기에 우리 모두가 바라 마지않는 미남을 얻었다. 용기 있는 자가 미인을 얻는다면, 나를 아는 여자가 미남을 얻는다.

/ 주식에 강한 여자, 부동산에 강한 여자 /

내가 누구인지 아는 방법 가운데 하나가 스스로를 '가산형 인간'과 '감산형 인간'으로 구분해보는 것이다. 우선 가산형 인간은 잘하는 게 별로 없다. 눈을 반만 뜨고 사는 것처럼 보이기도 한다. 하지만 다른 건 다 못해도 기똥차게 잘하는 한 가지가 있다. 그래서 주변 사람들로부터 "재는 딴 건 몰라도 저거 하나만큼은 끝내주게 잘해. 아주 타고났어"라는 소리를 듣는다. 이런 타입이 단 한 가지로 다른 모든 걸 덮고 플러스로 만들어버리는 가산형 인간이다.

반대로 감산형 인간은 특별히 잘하는 건 없지만 그렇다고 딱히 못하는 것도 없다. 다 거기서 거기다. 이것도 고만고만하고 저것도 고만고만하다. 그래서 무난한 평균형 인간이기도 하다. 그러니 뭐 하나를 잘못하면 "재는 저게 문제야. 저거 하나만 고치면 아무 문제없는데"라는 말을 듣는다. 다른 건 평균인데 하나 때문에 마이너스가 돼버리니 감산형 인간이다.

사실 우리는 대개 감산형 인간에 속한다. 감산형 인간이 되도록 교육받았기 때문이다. 우리는 가만히 있으면 중간이라도 가고, 모난 돌이 정 맞고, 평범한 게 제일 좋은 거라는 말을 듣고 자랐다. 튀지 말라는 이야기, 나대지 말라는 소리는 또 얼마나 많이 들었던가? 우리는 중간을 지향하는 것을 생존의 비결로 전수받았다.

그렇다면 감산형 인간이 부자가 되는 길은 무엇일까? 창업을 해서 사장이 되는 길, 주식 투자를 하는 길, 부동산에 투자하는 길 가운데 어느 것을 선택해야 할까? 일단 창업은 가산형 인간에게 잘 맞는다. 한 가지는 특출나게 잘하기 때문에 자신에게 맞는 아이템만 잘 잡으면 성공할 가능성이 높다. 하지만 감산형 인간은 중간만 가면 된다고 생각하는 데다 남들 결정에 쉽게 따르고 튀지 않는 것에 길들여진 사람이기 때문에 창업에 잘 맞지 않는다. 강력한 카리스마와 결단력으로 직원들을 리드해가는 보스여야 하는데, 리더가 되기보다는 한 사람의 구성원으로 있는 게 오히려 편하니 사업을 잘하기 힘들다.

주식 투자를 할지 부동산 투자를 할지 선택할 때도 나를 알아야 한다. 부동산 투자는 역지사지에 능하고 다른 사람들의 관심사를 잘 알아차리는 사람이 잘한다. 부동산은 수요와 공급이다. 물건을 갖고 있는 내가 가격을 올리는 게 아니라 내 물건을 갖고 싶어 하는 사람들이 많아야 가격이 오른다. 나는 봄이 되면 개나리와 진

달래가 피는 풍경을, 여름에는 짙은 녹음을, 가을이면 단풍, 겨울이면 눈 덮인 산을 볼 수 있는 힐 뷰가 좋아서 그런 아파트를 샀다. 하지만 다른 사람들은 한강이 콩알만큼만 보여도 리버 뷰를 선호한다. 하루 종일 강만 보면 우울증에 걸려서 자살하고 싶어질 텐데 왜 리버 뷰를 좋아하는지 도대체 이해가 안 간다 해도 힐 뷰가 아니라 리버 뷰 아파트에 투자해야 성공한다. 나만 좋아하면 뭐하나, 다른 사람들이 좋아해야 수요가 늘어나는데.

자기 취향이 뚜렷하고 고집 세고 사람들과 교류하는 것이 불편한 사람은 부동산 투자에 잘 안 맞는다. 노래방에서 남들은 듣도 보도 못한 인디 밴드 음악을 고르는 사람이 바로 이런 유형이다. 리버 뷰도 자기가 싫으면 싫은 거다. 이들은 건물을 보러 돌아다니는 것도 힘들어한다. 카리스마 철철 넘치는 부동산 중개소 사장님들과 이야기하노라면 머리가 지끈거리고 멀미가 나기도 한다.

이런 사람에게는 주식 투자가 낫다. 좋아하는 것이 분명하고, '명탐정 코난'처럼 남들은 대충 보고 넘어갈 것을 집요하게 파고드는 사람이 주식 투자를 잘한다. 최대한 많은 자료를 입수하고 팩트를 분석해 이 회사가 앞으로 잘될 것인가 그렇지 않을 것인가를 판단할 수 있어야 주식 투자에 성공할 확률이 높기 때문이다.

나에 대한 분석이 이뤄지지 않은 상태에서 경험 삼아 주식 한번 해볼까, 부동산 투자 한번 해볼까 하고 섣불리 투자했다가는 실패하기 십상이다. 그렇게 실패하고 나서는 '역시 주식은 도박이고 부동산은 끝났다더니 그 말이 맞았다'며 적금만 열심히 붓는다.

나를 알아야 롱런할 수 있다. 내가 부동산 투자에 적합한지 주식 투자에 적합한지, 주식이라면 대형주로 안전하게 가는 걸 좋아하는지 아니면 리스크가 좀 있어도 수익률을 좇아 빨리빨리 움직이는 걸 좋아하는지 나의 투자 스타일을 알아야 한다. 내게 잘 맞는 돈 키우는 법을 알아야 한다. 그런데 나에 대한 분석을 전혀 안 한 채 뛰어드는 사람들이 있다. 그러니 실패하고 포기할 수밖에. 부자들을 만나보면 그들은 자신을 기가 막히게 잘 파악하고 있다. "나는 이래서 이건 안 맞아. 그래서 그건 안 해." 자신의 강점이 무엇이고 약점이 무엇인지 잘 파악하고 있기 때문에 사업을 할 때도 투자를 할 때도 실패할 확률이 낮다. 또 잘하는 한 가지를 집요하게 파고들어 그것을 자신의 필살기로 만들어 가지고 있는 경우가 많다.

나 자신을 잘 아는 것은 참 어려운 일이지만 적어도 내 성향엔 어떤 재테크 방법이 맞는지, 내 투자 스타일은 어떤지 정도는 꼭 파악하고 있자.

부자 미션

나를 분석하라. 내가 좋아하는 것은 무엇이고, 싫어하는 것은 무엇인지 파악해보자. 나만의 경쟁력을 찾아보자. 스스로 잘 파악이 되지 않을 때는 친구들이나 가족들에게 내가 무엇을 할 때 가장 멋있는지, 무엇을 가장 잘하는 것 같은지 물어보자.

나는 감산형 인간인지 가산형 인간인지 생각해보고, 부자가 되기 위해 나한테 맞는 것이 창업인지 주식인지 부동산인지 따져보자.

아무리 생각해봐도 판단이 안 선다면 일단 경험을 해보자. 부동산이나 주식 강의를 들어보거나 모의투자나 부동산 탐방을 해보며 내게 맞는 투자 방법을 찾아가는 과정을 거쳐야 한다. 나와 잘 맞지 않으면 어떤 투자도 오래할 수 없고 수익 내기도 어려우니 이 과정은 아주 중요한 일이다.

6

(빚이 있는데
어떻게 돈을 모으냐고?)

/ 전국에 계신 소녀가장들께 /

쓰기 위해 태어난 듯 지출 통제가 안 되고, 귀가 얇아 남의 말에
잘 휘둘리고, 마음이 아침에는 맑았다가 저녁에는 흐렸다가 널을
뛰고, 내가 누구인지 모르면 부자가 되기 힘들다. 부자되기 힘든
이 목록에 또 하나 추가할 것이 있으니 바로 '소녀가장'이다.

한 집에 자식이 여럿 있어도 짐을 지는 자식은 정해져 있다. 그
자식이 왜 하필 나일까? 소녀가장들을 만나보면 하나같이 마음이
여리고 따뜻하고 책임감이 강하다. 그래서 더 가슴이 아프다. 그
린 좋은 성향을 가졌기에 짐을 지는 자식이 될 수밖에 없는 참으

로 불편한 아이러니다. 착하게 살았는데, 또 남들보다 더 열심히 살았는데 내가 뭘 그리 큰 잘못을 저질렀기에 이런 집에 태어나 한 번 만져보지도 못한 큰돈을 부모님 대신 갚아야 하는 걸까? 남들처럼 예쁜 나이에 축하받으면서 결혼하기는커녕 빚만 갚다가 내 결혼 자금은 언제 모으나 싶어 짜증이 나기도 한다. 그렇지만 힘들게 일하고 들어오시는 부모님 얼굴을 보면 마음이 짠해진다. 혼자 잘 먹고 잘 살려다 그리 된 것도 아니고, 우리 가족 잘되게 해보려다 결과가 안 좋았던 것뿐인데 하는 생각이 미치면 부모님을 원망했던 마음은 다시 죄송한 마음으로 바뀐다. 그리고 다시 또 힘내서 열심히 살면 언젠가는 좋은 날이 올 거라고 마음을 다잡는다.

그런데 몰랐던 빚이 또 한 번 '펑' 하고 나타나거나 가족 중 누군가에게 갑자기 큰 병원비가 들어가야 할 때는 다시 숨이 막히고 사는 것마저 싫어진다. 이렇게 늘 울다 만 퉁퉁 부은 가슴으로 살아야 하는 소녀가장들은 부잣집 딸이 부러운 게 아니다. 그저 나 하나만 잘 살면 되는 사람들이 제일 부럽다.

소녀가장들에게는 두 가지의 선택이 있다. 첫 번째는 독하게 마음먹고 종잣돈 모아서 제대로 도와드릴 수 있을 때까지는 집에 돈을 보태지 않는 것이다. 이때는 '이가 없으면 잇몸으로 살겠지'라고 생각해야 한다. 나쁜 딸 소리를 듣더라도 어쩔 수 없다.

한집에 살면서는 돈 모으기가 도저히 불가능하다고 생각한다면 집에서 나오는 것도 한 방법이다. 일단 집에 보태는 돈을 끊고 생활비를 최대한 아껴서 한 달에 저축 가능한 금액이 얼마인지 계산해보고, 몇 년을 모으면 종잣돈이 되는지 로드맵을 그려보자. 종잣돈이 모이는 동안 투자하는 방법을 공부하고 총알이 준비되면 현명하게 투자해서 그 수익으로 부모님을 도울 수 있도록 시스템을 만들어보라. 이때부터는 내 종잣돈이 나 대신 딸 노릇을 할 것이다. 처음에 마음먹기가 힘들어서 그렇지 몇 년만 고생하면 가능한 이야기이기 때문에 정말 독하게 결심하고 시작해보기를 권한다.

두 번째는, 부모님이 정규직으로 일하지 않으셔도 되는 경우라면 법무사를 찾아가 개인 회생이나 파산 절차를 알아보는 거다. 신청이 받아들여지면 일단 대출 상환 독촉으로부터 벗어날 수 있다. 빚이 탕감되거나, 생활비는 확보하고 나머지만 갚아나가게끔 정부에서 조정해준다.

나 대신 딸 노릇할 종잣돈을 모으는 동안 냉정하게 등 돌리는 건 절대 못 하겠다 싶으면 최대한 상황에 적극적으로 개입해서 어떻게든 끝을 보자. 형제자매들과도 반드시 고통을 분담하기 바란다.

이도 저도 못하고 지금처럼 하루하루 살다가는 희망 없이 보상심리만 남는다. 처음에는 가족들도 고마워하지만 소녀가장 몇 년차에 접어들면 가족들이 매번 고마워하지 않는 것에 서운해지고 마음에 상처가 난다. 그러면서 나도 무언가 보상을 받아야겠다는 심리가 생긴다. 내가 이렇게 가족들을 위해 희생하는데 날 위해서 이 정도도 못하나 싶어 여행에 큰돈을 써버린다든가, 다른 건 다 싸구려를 쓰면서 궁상을 떨어도 화장품만은 그렇게 못한다며 비싼 화장품만 고집한다.

이 언니도 스물여섯 살 때부터 소녀가장이었고 지금까지도 소녀가장으로 산다. 잘사는 집 딸로 태어나지 못한 것은 우리 잘못이 아니고, 돈 많은 부모가 되지 못한 것도 우리 부모님 잘못이 아니다. 어쩌면 고마운 일이다. 우리에겐 결핍이라는 강력한 동력이 있으니까. 결핍이 있어서 오늘도 우리는 치열하게 살고 성장하기 위해 노력한다.

지인 가운데 남편에게 한 달 용돈만 700만 원 가까이 받던 부잣집 사모님이 있었다. 태어나기를 부잣집에서 태어났고 남편도 부자다. 자식도 미국 명문 학교에서 두각을 나타내는 등 교육도 잘 시켰다. 그런데 갑자기 이혼을 하더니 혼자 해외로 떠났다. 자신의 힘으로 10원 한 장 벌어본 적 없는 삶이 공허하게 느껴졌기 때문이라고 했다. 남들이 들으면 복에 겨운 소리라고 하겠지만 본인으로서는 인생 자체가 흔들릴 만한 문제였다.

그러니 힘을 내자. 우리에게는 처음부터 채워진 인생이 아니라 채워가야 할 인생이 있다. 때로는 가난도 힘이 되고, 너무 모자란 것이 너무 많은 것보다 나을 때도 있다.

이제 눈물 닦고 크게 숨 한번 쉬고 냉정하게 종잣돈을 키워보자. 아니면 부모님 빚을 전부 다 오픈하고 가족 모두가 모여서 같이 팔을 걷어붙이자. 절망하지 말자. 언젠가는 끝이 난다. "그때 팔 걷어붙이고 정리했으니 지금 우리가 편하게 잘 수 있네"라고 웃으며 이야기할 날이 반드시 온다.

/ 빚 먼저 갚을까, 돈 먼저 모을까? /

"대출을 먼저 갚는 게 좋을까요? 아니면 이자만 내면서 종잣돈을 먼저 모으고 나중에 갚는 게 좋을까요?"

자산관리사로 일하면서 가장 많이 받는 질문이다. 그도 그럴 것이 우리는 대학교에 들어가면서부터 학자금 대출을 받고, 취직하고 나면 학자금 대출 갚느라고 결혼 자금을 못 모으니 결혼할 때 또 대출을 받는다. 집을 살 때도 대출을 받고 그 빚 갚다 보면 나이 들어 집 한 채 겨우 있는 넉넉지 않은 부모가 되고 만다.

빚으로 시작해서 빚으로 끝나는 인생, 그러니 빚 갚는 게 먼저인지 돈부터 모으고 빚은 나중에 갚는 게 좋을지 궁금한 사람이 많을 수밖에.

일단 빚이 먼저냐 종잣돈이 먼저냐에 대한 답을 얻고 싶다면, 지금 내 상황부터 정확히 파악해야 한다. 대출의 종류, 대출 금리, 만기, 상환 방법, 상환 금액, 중도 상환 시 수수료의 유무와 수수료가 있을 경우 얼마인지 모두 파악하자. 그래야 내가 받은 대출의 정체를 정확히 알 수 있다. 정체를 파악해야 곁에 두고 같이 가며 천천히 해결해도 되는 것인지, 아니면 최대한 빨리 내 곁에서 치워버려야 하는 것인지 판단할 수 있다.

내가 받은 대출의 정체를 파악했다면 다음으로는 나의 투자 능력을 체크해보자. 만약 내가 투자의 달인이라 연 15퍼센트 정도는 꾸준히 수익을 낼 자신이 있다고 가정해보자. 그렇다면 대출 금리가 3퍼센트인 주택담보대출을 먼저 갚는 것이 좋을까, 투자를 하는 것이 좋을까? 당연히 투자를 하는 편이 더 현명하다.

반대로 투자의 '투' 자도 모르고 적금만 붓는 사람이라면 어떨까? 적금 금리보다 대출 금리가 더 높다면 당연히 대출을 먼저 상환해야 하고, 적금 금리보다 대출 금리가 더 낮다면 적금으로 목돈을 모아서 대출을 갚아야 한다. 그 후 종잣돈을 모아 투자를 해서 그간 냈던 대출 이자 이상으로 수익을 만들어내면 된다.

즉 1년에 대출 이자가 얼마인지, 내가 내야 할 총 이자는 얼마인지부터 정확히 알아야 한다. 그런데 여기서 자신의 성향이 어떤지 파악하는 것도 매우 중요하다. 이자보다 수익을 더 낼 수 있다 해도 대출이 있으면 뒷목이 뻐근하고 누가 뒤에서 옷을 잡고 있는 것처럼 마음이 무겁고 불편하다면 대출 먼저 갚아야 한다. 이런 스타일은 보수적이고 안정을 추구하기 때문에 리스크를 부담해야 하는 투자를 선택하기는 힘들다.

대출 종류도 파악했고, 내 투자 능력도 생각해봤고, 성향도 고민해봤지만 여전히 잘 모르겠다고? 투자를 먼저 해보고 싶긴 한데 그렇다고 대출을 안 갚는 것도 불안하다면 '프라이드 반 양념 반' 전략을 권해드린다. 매월 저축 가능액 가운데 절반은 대출 갚는 데 쓰고, 나머지 절반은 종잣돈으로 뭉쳐보자. 그리고 종잣돈을 모으는 동안 공부 열심히 해서 투자에 꼭 성공하자.

물론 이 반반 전략은 대부 업체에서 고금리 대출을 받았다면 해당 사항이 없다. 무조건 대출 먼저 갚아야 한다. 어떤 투자자가 20~30퍼센트의 대출 이자보다 더 많은 수익을 낼 수 있을까? 이런 상황에 처한 사람들은 마음이 급하다 보니 도박에 빠지거나, 주식 투자를 해도 검증되지 않은 사람에게 돈을 맡기고 위험한 장외 주식 거래를 하기도 한다. 급할수록 돌아가라고 했다. 고금리 대출이 있는 사람들은 마음이 급하다 보니 자꾸 한 번에 큰돈을 벌 수 있는 방법에 현혹된다. 하지만 그럴 때일수록 차분히 원금과 이자를 갚아나가야 한다. 어떤 투자도 고금리 대출 이자보다 높은 수익을 내기는 어렵고 무리수를 뒀다가 더 큰 빚을 질 수도 있다는 것을 절대로 잊어서는 안 된다.

대출 때문에 정말 너무나 힘들다면 서울시에서 운영하는 서울
금융복지상담센터를 찾아가 보자. 전문 상담사들이 어떤 대출부
터 갚아야 하고 어떻게 낮은 금리의 대출로 전환할 수 있는지 알
려준다. 대출 상환 플랜을 짜고 몇 년 후에 끝날지도 가르쳐준다.
혼자 고민하지 말고 이런 기관들을 적극 이용하자.

충분히 해결할 수 있으니 너무 힘들어하지 말자. 빚 다 갚고 그
때부터 재테크하면 된다. 내가 할 수 있는 것과 할 수 없는 것을 구
분한 뒤 할 수 있는 것부터 부딪혀 가며 해결하는 게 가장 빠른 길
이다. 외면하면 시간만 오래 걸린다.

/ 아는 걸 왜 실천 안 해? /

부모님 빚 대신 갚느라 혹은 내 이름으로 된 대출 때문에 도저
히 저축 가능 금액이 안 나오는 것도 아닌데 재테크를 못하는 여
자들이 있다. 이들은 돈도 잘 벌고 지출 통제도 잘하고 심리적으
로도 안정되어 있고 남의 말에 휘둘리지도 않는다. 심지어 공부를
열심히 해서 재테크 정보도 많고 경제 상식도 풍부하다. 서킷브레
이커$^{\text{circuit breakers}}$가 뭔지, 무상감자^{無償減資}가 뭔지, ROE$^{\text{Return On Equity}}$는

뭐고 PBR^Price Book-value Ratio은 뭔지도 안다. 주식이면 주식, 실물이면 실물, 부동산이며 경매며 권리 분석부터 세법까지 꿰고 있다. 그런데 재테크를 못한다. 왜 그럴까?

이론에만 통달했기 때문이다. 이론과 실전이 병행돼야 내공이 생기는데 이들은 책만 판다. 연애랑 똑같다. 연애 기술 알려주는 책 100권 읽는다고 선수가 되냐. 100명을 만나봐야 연애 고수가 되지. 그런데 석박사 할 것처럼 경제학 원론 공부만 하고 있고, 워런 버핏 옹께서 이런 말씀을 하셨다며 어록을 줄줄 읊는다. 이론에만 강하다. 하지만 실제로 투자를 해보면 이론대로 되지 않는 경우도 많고 경험으로 쌓인 내공으로 대응해야 하는 순간도 많다. 이론 공부만으로 투자를 잘할 수 있다면 경제학을 전공한 사람들은 모두 부자가 돼야 하지 않을까? 물론 이론 없이 실전 경험만 있는 사람도 성공적인 투자를 하기는 힘들다. 자신의 경험이 전부라고 믿기 때문이다. 이론 중에서도 투자하는 데 필요한 실용지식과 현장에서의 경험이 합쳐질 때 투자를 잘할 수 있다는 사실을 잊어서는 안 된다.

게을러도 재테크 못한다. 언니가 공부하는 법부터 돈 아끼는 법, 감정 소비 안 하게 자존감 높이는 법, 돈 모으면서 힘들지 말라고 100만 원, 300만 원, 500만 원 하는 식으로 구간별로 모으고 매일 1,000원씩 모으고 52주 동안 금액 늘려가며 모으고, 그것도 힘들면 3일 모았다가 쉬고 또 3일 모으는 방법을 알려줘도 안 하는데 어쩔 거냐고. 돈을 모으려면 수입과 지출부터 정확히 파악해야 하는데 그것도 안 하고, 로드맵 그리기 어플도 만들어놨는데 그것도 안 한다. 그렇게 해서 부자되겠나, 안 되겠나?

일단 작은 것 하나라도 시작해야 한다. 언니가 참 좋아하는 말이 있다. 시작이 반이다.

7

(집 나가도 괜찮다, 돌아오기만 해다오!)

/ 미션 클리어! /

일단 시작한 것만으로도 칭찬받을 만하다. 인생을 바꿀 큰 한 발자국을 뗀 거다. 이렇게 위대한 한 걸음을 내디뎠으니 목표를 향해 뚜벅뚜벅 걸어나가면 된다. 그녀처럼 말이다.

그녀가 언니를 찾아온 때는 3년 전쯤이었다. 대기업 사원이기는 했지만 계약직이었던 그녀는 190만 원의 월급을 받고 있었다. 당시에 가지고 있던 목돈은 2,000만 원, 목표는 1억 원이었다. 오랜 시간 이야기하고 상담을 통해 포트폴리오를 짠 우리는 새끼손가락 걸고 목표를 꼭 이루자고 약속했다.

3년 뒤, 그녀가 다시 나를 찾아와 통장을 보여주었을 때, 그곳에는 정말 정확하게 '100,000,000'이라는 숫자가 찍혀 있었다. 그리고 그녀는 다시 말했다.

"언니, 저 1년 뒤에는 1억 5,000만 원 만들어와서 다시 점검받을게요!"

그녀는 매일 로드맵을 그렸다고 한다. 로드맵을 그리며 한 달 수입과 지출을 계속해서 점검하고 자신의 목표인 '3년 안에 1억'이라는 계획에 어느 정도 다가가고 있는지 계산했다. 지출이 많은 달에는 허리띠를 더 졸라맸다. 수입을 늘리기 위해 주말에는 아르바이트를 했고, 저축액이 그달의 목표를 초과하면 남는 돈을 모조리 저축했다. 이렇게 한 달 한 달 계획했던 것이 조금씩 이뤄지면서 그녀에게는 돈보다 중요한 자신감과 희망이 생겼다.

그렇게 하기를 딱 3년. 많은 사람들이 그토록 원하는 '현금 1억'이라는 목표를 이룰 수 있었다. 그 비밀은 바로 로드맵을 통한 시각화에 있었다.

미로를 헤매듯 재테크하는 사람들이 있다. '이쪽으로 한번 가볼까?' 하고 갔다가 막히면 '그럼 이번에는 저쪽 길?' 하고 또 무작정 가다 보면 길이 막혀 있다. 이게 한두 번이 아니라 세 번, 네 번이 되면 결국 지쳐서 포기하고 만다. 아니면 다람쥐 쳇바퀴 돌리듯 만날 그 자리다. 로드맵 초반 근처에서만 맴돈다. 백날 천날 유치원만 다니는 것과 똑같다. 대학을 가야 하는데 국공립 유치원이든 사립 유치원이든 영어 유치원이든 평생 유치원만 다니는 셈이다.

그래도 포기하지 말자. 포기만 안 하면 길은 있다. 언니 고객 가운데 한 달 용돈 30만 원으로 생활하는 직장인이 있다. 그런데 그 30만 원이 다 용돈이 아니다. 그중 8만 원은 기부를 한다. 그러니 실제 용돈은 22만 원이다. 이게 가능할까? 이야기를 들어보니 가능했다. 일단 들어보자. 어떻게 한 달 용돈 22만원이 가능한지.

우선 교통비는 전혀 들지 않는다. 집에서 회사까지 걸어서 30분. 이 정도면 멀지 않다고 생각해 운동하는 셈치고 걸어 다닌다. 그녀에게는 출퇴근길이 운동하러 가는 길이다. 돈 들여서 따로 운동할 필요가 없다.

여자니까 머리 손질에 돈이 많이 들어갈 것 같지만 그녀가 1년에 미용실을 찾는 횟수는 한두 번이다. 머리가 나지 않는 소아암 환자들에게 머리카락을 기부하니 파마나 염색을 해서는 안 된다. 그래서 스타일은 늘 단발이고 길면 잘라서 기부한다. 아니, 여자는 '머리빨'인데 파마도 염색도 안 하고 미용실은 1년에 한두 번 간다고? 그녀는 말한다.

"아무리 그래봐야 연예인처럼 되지는 않아요."

충동구매는 어떨까? 그녀의 철학은 확고하다. 길 가다 눈에 띄는 예쁜 물건을 사서 집에 가져다 놓으면 결국은 예쁜 쓰레기가 되고 만단다. 옷은 깨끗하게만 입으면 되니까 한 번 사면 8년에서 10년을 입는다. 그러나 아무리 짠순이라도 경조사나 기념일을 피해갈 수는 없다. 그래서 한 달에 2만 원씩을 따로 빼놓아 나중을 대비한다. 그리고 친구들에게 경조사가 있으면 미리미리 말해달라고 당부한다. 그래야 다른 것을 아껴 준비할 수 있기 때문이다. 생일날 사는 케이크는 어떻게 하냐고? 다 방법이 있다. 휴대폰 잠금 화면에 설치하는 '캐시 슬라이드'를 적극 활용하면 1년에 케이크 두 판은 충분히 나온다. 그렇게 한 판은 남편 생일에, 또 한 판은 본인 생일에 촛불 켜고 축하한다고 한다.

그녀의 이야기는 〈부자언니〉 카페 모임에서 실제 사례로 발표된 것이다. 절약도 절약이지만 그녀의 당당함에 다들 입이 떡 벌어졌다. 한 달에 22만 원으로 살아도 '젊은 나이에 내가 왜 이렇게 살아야 하지?' 하는 우울한 모습이 아니라, 매달 게임을 완수하고 '미션 클리어!'를 즐겁게 외치는 듯한 모습이었기 때문이다. 이야기를 듣고 우는 사람도 있었다. 그만큼 감동적이었다.

그녀의 절약은 그저 돈을 아끼는 차원에서가 아니라 삶에 대한 확고한 신념에서 나왔다. 더불어 그녀는 돈 쓰는 즐거움보다 자신을 더 행복하게 하는 것이 무엇인지 알고 있는 사람이기도 하다.

/ 유 머스트 컴 백 홈 /

종잣돈을 모으는 데는 분명 시간이 걸린다. 또 그 시간 동안 아껴 살아야 한다. 하지만 습관이 되면 생각처럼 힘들지 않다. 앞선 사례처럼 기부까지 할 수 있다. 쓸데없는 데 눈 돌리지 않고 내가 좋아하는 데 집중하고, 쥐도 새도 모르게 새나가는 돈을 막으면 조금만 써도 잘 쓸 수 있다. 쓸 때는 쓰고 아낄 때는 확실히 아끼며 우아하게 허리띠를 졸라매는 방법을 찾으면 된다.

돈 모으느라 궁상떠는 게 아니다. 삶을 다이어트하는 거다. 참 신기한 게, 돈을 아끼면 시간도 아껴지고 에너지도 아껴진다. 꼭 필요한 것만 갖춘 미니멀 라이프가 된다.

물론 종잣돈을 모으다 보면 벽에 부딪칠 수도 있다. 계획보다 속도가 더딜 수도 있다. 어떻게 늘 전력질주만 할 수 있겠나? 그때 는 다시 시작하면 된다. 통장에 1,000만 원만 있어도 마음이 든든 하고 5,000만 원이 있으면 사고방식이 달라진다. 1억 원이 있으면 사람 자체가 달라진다. 자신감도 커지고 여유도 생긴다.

그러니 포기하지 말자. 중간에 그만뒀더라도 다시 시작해서 1년 만 계속하면 3년을 할 수 있고 3년을 계속하면 5년도 할 수 있다. 그리고 재테크 5년이면 혼자 알아서 다 한다. 거의 준전문가 수준 으로 풍월을 읊는다.

하지만 누구도 슬럼프 없이 계속 잘 해내기는 힘들다. 힘들고 방황할 때 집 나가는 건 좋은데 아주 나가지만 마라. 베이스캠프처럼 언니가 늘 여기서 기다릴 테니까, 두 팔 벌려 환영해줄 테니까 언제든지 돌아오기만 하면 된다. 돌아와서는 언제 그랬냐는 듯 다시 또 시작하면 된다. 우리는 아직 젊고, 그래서 언제든 다시 시작할 수 있다.

PART 2

요요 걱정 없는
재테크 근육을
길러라

8

(여자 독립 만세!)

/ 여자의 노후 준비는 결혼? /

지금까지 왜 재테크에 요요 현상이 오는지에 대해 알아봤다면, 이제부터는 요요 걱정 없는 재테크 근육을 만드는 방법에 대한 이 야기를 하려고 한다. 중요한 건 살 빼기가 아니라 살찌지 않는 생활 습관을 만드는 것이고, 탄탄한 근육과 근력을 기르는 것이다. 물론 재테크도 똑같다.

재테크 근육을 기르는 방법, 그 첫 번째는 독립이다. 말 그대로 홀로 서야 한다. 어차피 인생은 혼자 왔다가 혼자 가는 것. 아무리 양친 다 살아계시고 돈 잘 버는 형세사매도 있다지만 엄마 아빠가 날 사랑한다고 해서 내 인생 대신 살아주는 게 아니고 형제자매도 각자 자기 살기 바쁘다.

혼자 가는 길에 누군가가 오면 손잡고 같이 걷다가, 인연이 끝나면 잡은 손 놓고 또 각자 걷는 게 인생이다. 누군가의 등에 올라타서 업혀가는 게 아니라고. 물론 우리는 능력 있는 부모나 부자 남편을 만나 평생 업혀갈 수 있는 걸 복으로 여긴다.

"노후는 생각 안 해봤는데요? 결혼하면 남편이 있을 테니까 아직 고민 안 해봤어요."

상담할 때 가끔 이런 소리를 듣는데, 지인 가운데도 노후 준비는 뭐니 뭐니 해도 남편이라고 말하는 사람이 있다. 12년 전부터 그 소리를 했는데 아직도 혼자다. 쉰 살이 코앞인데 당연히 노후 준비는 시작도 안 했고 번 돈은 해외여행 다니느라 다 써서 모아둔 돈도 없다. 그녀에게 내일은 없다. 오직 오늘만 있을 뿐.

아프리카나 중동까지 혼자 겁 없이 누비고 다니는 그녀는 언뜻 보면 참 멋있고 독립적인 여성이다. 하지만 만약의 사태가 일어나면 가족이 지원해줄 거라 믿고, 결혼하면 다른 인생이 시작되리라 기대하는 것이 그녀의 실제 모습이다. 그런데 최근 엄마는 편찮으시고 친언니는 다니던 회사를 그만뒀다. 믿는 구석이었던 엄마와 언니의 상황이 안 좋아졌으니 그녀가 앞으로 어떻게 살아갈지 내가 다 걱정이 된다. 아, 이놈의 언니병. 나보다 그녀가 언니인데 내가 왜 언니 같은 걱정을 하고 있는지.

하지만 늦지 않았다. 아무리 내일모레 오십이라 해도 너무 늦은 때란 없다. 누구에게도 기댈 생각 않고 홀로 꿋꿋이 서겠다고 마음먹으면 되고, 나는 그녀를 응원하면 된다.

인생은 혼자 써가는 외로운 스토리다. 흠, 아무래도 언니는 철학자가 되어가는 것 같다. 어쨌든 주위에 아무리 사람이 많아도 본질적으로 혼자라는 사실에는 변함이 없고, 나의 인생은 온전히 내가 풀어야 할 나의 숙제다. 어려운 문제를 학원 선생님이 풀어주고 엄마가 도와주면 당장에야 쉽지만 시험 볼 땐 하나도 생각이 안 난다. 아무리 문제를 많이 풀어봐도 스스로 하지 않는다면 성적이 오르지 않는다. 공부 잘해서 서울대 가고 하버드대 간 학생들이 늘 하는 말이 있지 않나. 내가 직접 풀어야 내 것이 된다고. 내 인생은 나의 것, 남의 등에 업혀갈 생각 말고 내 다리로 가자.

/ 검색은 셀프야 /

"언니, CMA가 뭐예요?"

〈부자언니〉 카페 검색창에 'CMA' 세 글자만 쳐도 일목요연하게 정리된 내용이 주르르 나온다.

"언니, 펀드 하나 들었는데요, 이거 어떻게 해야 돼요?"

그 펀드 내가 판 것도 아닌데 나한테 물어보면 어쩌라고? 어떤 목적으로 가입했는지, 언제까지 유지할 생각인지, 그 펀드가 어디에 투자되고 있는지, 수익은 벤치마크 평균보다 잘 나고 있는지 언니는 아무것도 모른다.

"언니, 어떤 보험 들어야 돼요?"

저기요, 어린 양님들? 아무리 양 잘 치는 목자도 모든 양의 상황을 일일이 알 수는 없거든요. 심지어 언니가 좋아하는 왕고래밥이 편의점에 없는데 어디서 사야 하느냐고까지 묻는다.

이런 걸 전문용어로 '손 안 대고 코 풀기'라고 한다. 직접 알아볼 생각은 않고 일일이 떠먹여 주기를 바란다. 귀차니즘과 의존성이 만난 환상의 결합이다. 이런 어린 양들의 첫 번째 꿈은 로또 한 번 맞아보는 거고, 두 번째는 돈 많은 남자 만나는 거고, 세 번째는 로또 맞고 돈 많은 남자 만나는 거다.

이렇게 인생을 업혀가려고만 하면 나중에 내려와서는 어쩌려고. 근육 하나 없는 다리로 어떻게 이 험한 세상을 걸어갈 건지. 꽃길만 걷겠다 해도 내 다리로 걸어야 꽃길 걷는 맛이 난다.

그런데 이 독립심 없는 여자들이 가진 또 하나의 특징이 남의 눈치를 살핀다는 거다. 몸은 자유지만 생각은 '타인이라는 감옥'에 갇혀 있다. 그래서 남들이 사면 나도 사야 하고 남들이 팔면 나도 팔아야 할 것 같아 안절부절못한다. 그런데 주식 투자에 성공하기 위해서는 남들이 비관론에 빠져 있을 때 사야 한다. '영적인 투자가' 존 템플턴John Templeton이 했던 말이다. "어느 곳이 전망이 좋으냐"라는 질문을 받을 때 템플턴은 항상 이렇게 대답했다고 한다.

"'어느 곳이 전망이 좋으냐'는 잘못된 질문입니다. 올바른 질문은 '어느 곳의 전망이 최악이냐'입니다."

그게 바로 '비관이 최고조에 달했을 때의 원칙'이다. 하지만 이렇게 하려면 남이야 뭘 사고 뭘 팔건, 남들이 뭐가 좋고 뭐가 나쁘다고 하건 내 판단과 내 책임으로 내 길을 간다는 자세가 있어야 한다.

부자가 되려는 우리는 독립적인 여자들이다. 우리는 독립적으로 살기 위해 부자가 되고 싶다. 부모에게 기대지 않고, 남편한테 의존하지 않고, 자식에게 의탁하지 않기 위해 부자가 되고자 한다.

돈 있어 봐, 남자 조건이 뭐가 중요해. 잘생기고 성격 좋으면 그만이지. 결혼해도 남편이 바람 피우면 내가 먼저 이혼하자고 하지, 이혼하자고 할까 봐 바람 피워도 모르는 체하고 참으면서 살겠냐고. 돈 있으면 겁날 게 없다. 눈 밖에 나서 불이익을 당할까 봐 굽실대지 않아도 되고 누가 나를 거둬줄까 하고 돈 있고 힘 있는 사람한테 붙어 아부하지 않아도 된다. 밥줄 끊길까 봐 불의를 불의라 하지 못하고 정의를 외치지 못할 이유가 없다.

하지만 돈이 있다고 다 독립적으로 살 수 있는 것도, 돈이 없다고 다 독립적으로 살 수 없는 것도 아니다. 그러니 먼저 독립적인 여자가 되자. 여자 독립 만세.

/ 부자를 보면 안다, 독립심이 왜 중요한지! /

부자는 부자가 되는 방법을 알고 있다. 그리고 그 소중한 비밀을 자식들한테 반드시 알려준다. 그런데 이들은 투자법이 아니라 독립심부터 길러준다. 구체적인 투자법만 콕 짚어 가르쳐주면 부모도 편하고 자식도 편할 텐데 이보다는 어릴 때부터 철저히 독립심을 키워준다.

석유 왕 폴 게티Jean Paul Getty는 휴지로 써도 될 만큼 돈이 넘쳐나면서도 자식들한테 용돈을 그냥 준 적이 없다. 아빠가 갑부인데 자식들은 신문 배달 아르바이트를 하고 잔심부름을 하면서 한 푼 두 푼 용돈을 벌었다.

역시 석유로 돈을 쓸어 모은 록펠러John Davison Rockefeller의 아들들은 더 구질구질한 아르바이트를 해야 했다. 쥐 한 마리 잡으면 5센트, 파리는 100마리당 10센트였고 매주 수요일 저녁에는 아이들끼리 식사를 차려야 했다. 이들은 훗날 이렇게 이야기했다.

"우리는 어릴 때부터 남에게 의존하지 않도록 교육받았고, 필요한 건 스스로 마련하며 살도록 배웠다."

이렇게 자란 이들의 입에서 "언니, CMA가 뭐예요?", "언니, 보험 뭐 들어야 돼요?"라는 말이 나올 리 없다. 쥐를 사냥하고 파리를 때려잡던 기세로 폭풍 검색을 하고 열공을 했겠지.

부자들은 알았던 거다. 독립적인 사람이 되지 않으면 부자가 될 수 없다는 사실을. 그리고 이것을 위해서는 어려서부터 한 푼이라도 자기 손으로 벌어보고, 남의 도움 없이 자기 일은 자기가 하고, 식구들을 위해 밥도 차려봐야 한다는 것을.

돈도 벌고 내 일은 내가 하고 엄마 도와 저녁도 차리고 우리는 이미 그렇게 하고 있다고? 중요한 건 그런 일 자체가 아니라 그런 일들을 하며 길러지는 독립심이다. 우리한테는 어려서부터 작정하고 길러진 독립심이 없다. '너는 공부만 하면 된다'며 엄마가 사소한 것까지 다 챙겨줬고, 성인이 돼서도 아빠가 정해준 귀가 시간을 지켜야 했고, 지금도 회사에서는 시키는 일이나 잘하라고 한다. 준비물 빠뜨리면 엄마가 학교로 가져다주고, 학원 차가 시간 맞춰 영어 학원에서 미술 학원으로 실어 날라줘서 걱정이 없었다. 어른들이 알아서 다 해줬다. 그러니 애초에 없었던 독립심을 갑자기 어디서 만들어내냐고.

방법은 부자들이 자식들에게 독립심을 길러주었듯 우리가 우리

스스로에게 독립심을 길러주는 것이다. 우선 '돈 있는 남자 만나 편하게 살고 싶다'거나 '엄마 아빠가 알아서 해주시겠지', '이 사람들이 도와주지 않을까?' 하는 생각은 안드로메다로 날려 보내야 한다. 아무도 안 도와준다. 도와줘도 스스로 헤쳐나가려는 사람을 도와주지, 남의 도움만 바라고 앉아 있는 사람은 안 도와준다.

누가 도와줄 수도 있을 것이다. 그러나 이때도 얼씨구나 하고 덥석 받기보다는 내가 직접 해결해나가려고 해야 한다. 의존성은 결국 내 발목을 잡는다. 오래전 일이긴 하지만 언니는 은행 업무를 못 보는 대학생도 봤다. 부모님이 다 해주시니 성인이 됐는데도 혼자 은행을 못 갔다. 이건 머리의 문제가 아니다. 대학을 갔는데 은행을 못 갈 리가 없다.

컴퓨터에 아주 작은 문제만 생겨도 남동생이나 오빠를 부르고 (알고 보니 전원 연결이 안 돼 있네), 사용 설명서 한번 읽어보면 되는데 '나는 타고난 기계치'라며 이거 어떻게 하는 거냐고 기기 사용법을 물어본다. 이렇게 하다 보면 할 줄 아는 게 없어진다. 누가 대신 해주니 당장은 편할지 몰라도 갈수록 의존적이 되고 자신감이 없어진다. 그런데 부자가 되겠다고? 호랑이 채식주의자되는 소리 하고 있다. 작은 것부터 차근차근, 나 자신에게 독립심 키우는 훈련을 시켜주자.

부자 미션

셀프 검색을 생활화하자. 모르는 것을 묻기 전에 스스로 찾아보는 연습부터 해보자. 또 어떤 문제가 생겼을 때 누군가에게 도움을 청하기 전에 일단 스스로 한번 해본다. 시간을 들여 차분히 들여다보면 해결법이 보인다. 복잡하게 얽힌 전선을 잘 따라가며 보고, 사용 설명서를 꼼꼼히 읽고, 계약서를 제대로 숙지하라. 이 책을 읽을 정도라면 그 정도는 다 할 수 있다.

이렇게 혼자 알아보고 해봤는데도 잘 모르겠다면 그때 도움을 요청하자. 그러면 사람들도 기꺼이 도와준다. 그 부분에서 막혔을 때 얼마나 답답했는지 자기도 겪어봤기 때문이다. 하지만 처음부터 이게 뭐냐, 어떻게 하는 거냐고 물어본다면 어떨까? 상대방은 도대체 어디부터 어디까지 설명해달라는 건지 짜증이 날 것이다. 내 시간만 소중한 게 아니라 질문에 대답해주는 타인의 시간도 소중하다는 걸 잊지 말자. 무엇보다 스스로 해결해봐야 독립심을 키워나갈 수 있다.

9

(인간관계도
다이어트를 해야 한다)

/ 아는 사람 많으면 뭐해? /

우리는 친구 많고 아는 사람 많은 걸 좋아한다. 그만큼 많은 정보를 얻을 수도 있고 필요할 때 도움을 받을 수도 있을 테니까. 남들 보기에도 그렇다. 아는 사람도 몇 명 없고 친구도 거의 없으면 뭔가 문제가 있다고 생각할 것 같다. 그래서 우리는 어렸을 때부터 친구를 만들기 위해 애쓴다.

언니가 초등학교 다니던 호랑이 담배 피우던 시절, 친구들에게 늘 뭔가를 사주면서 관계를 맺으려는 아이가 있었다. 뭐 딱히 필요는 없다만 그래도 지우개 하나, 연필 하나 사준다니 고맙긴 했다. 하지만 그 아이를 좋아하는 친구들은 별로 없었다. 그 아이는 나름대로 노력을 했지만 좋은 친구들을 얻지는 못했다.

나 역시 아는 사람들이 많으면 좋다고 생각했다. 실제로 많기도 했다. 대학 시절, 어느 날 버스를 타려는데 돈이 없었다. 지갑을 잃어버린 거였다. 하지만 나는 '아는 사람들'이 많았다. 평소 학교 정문에서 기숙사까지 걸어가는 동안만 해도 '안녕, 안녕, 안녕, 안녕'을 수십 번씩 해야 했으니까. 마침 그 순간에도 아는 사람이 나타났다. 그런데 그 친구에게 버스비 500원을 꾸는 순간, 이런 생각이 들었다. '아는 사람이 많으니 이렇게 쉽게 돈을 꿀 수 있어 좋긴 한데, 반대로 생각하면 나한테 돈 꿔달라고 할 사람도 그만큼 많다는 이야기잖아?'

언니의 부자 멘토인 수천 억대 자산가 한 분도 아는 사람이 많아 힘들어 죽겠단다.

"나는 도와달라는 사람이 하루에 한 명씩 찾아와. 죽겠어, 아주."

그래서 부자들은 인간관계에 상당한 주의를 기울인다. 돈이 많으면 주변에 사람이 많아 좋을 것 같지만, 정작 돈 많은 그들은 주변에 사람을 많이 두려고 하지 않는다.

하긴 나 같은 사람도 어느 순간 '아는 사람'이 공해로 느껴질 때가 있다. 같이 일해보자고 오는 사람도 너무 많고, 생전 연락 안 하다가 "그냥 연락해봤어"라며 전화를 걸기도 한다. 정말로 '그냥'

이면 다행인데 온갖 부탁을 한다. 그런 부탁들을 선별해서 예스, 노를 결정하는 것이 또 하나의 일이 돼버렸다. 그리고 그들이 원하는 것을 주지 않으면 나쁜 사람이 돼 있다. 그러다 보니 식당에 밥을 먹으러 가도 한쪽 구석에 처박혀 혼자 먹는 게 제일 마음이 편하다.

/ 친구 잘 사귀어야 한다는 엄마 말은 진리 /

아는 사람 많아봐야 별 소용없다. 아는 사람이 더 무섭다는 말이 괜히 있는 게 아니다. 외국 나가면 같은 한국 사람을 제일 조심해야 한다는 말도 괜한 소리가 아니다. 아는 사람 말 믿고 투자하고, 다른 사람 말에 이리저리 휩쓸리는 여자들은 더 조심해야 한다.

우리에게는 아는 사람이 아니라 친구가 필요하다. 그런데 친구도 다 같은 친구가 아니다.

"사람이 갑자기 변하면 죽을 날이 가까운 건데. 너 요즘 자꾸 돈, 돈 한다?"

"야, 조물주 위에 건물주랬어. 아무나 되는 줄 알아? 네 월급 평생 안 쓰고 모아도 절대 못 사."

"얘는 뜬구름 잡는 소리만 하고 있어. 현실적으로 생각해봐. 그게 되겠어?"

"주가 올랐다고? 야, 그럼 빨리 팔아서 밥 사주라."

이런 말을 하는 친구는 멀리하라. 재미있는 게 재테크를 시작하면 진정한 친구와 끊어야 할 친구가 가려진다.

다이어트로 불필요한 지방을 없애고 꼭 필요한 지방만 남겨두듯이, 부자가 되려면 좋은 친구만 곁에 남겨두어야 한다. 왜냐하면 우리는 친구가 기분 나쁜 말을 하면 그 자리에서는 어버버 하다가 잠잘 때 그 말을 곱씹으며 또 한 번 기분 나빠하고 다음번에 다시 그런 말을 들으면 어떻게 맞받아칠지 궁리하기 때문이다. 그만큼 우리는 친구의 말을 무시하지 못하고, 친구가 하는 말에 많은 영향을 받는다.

친구들 얼굴을 하나하나 떠올려보라. 그 가운데 분명 어두운 기운을 내뿜는 친구가 있을 것이다. 말 한마디를 해도 부정적인 말만 하고 생각 하나를 해도 비관적인 생각만 한다. 그 친구만 만나면 기운이 빠지고 기분이 가라앉는다. 살다 보면 기운 빠지게 하는 일이 곳곳에 널려 있는데 꼭 기운 빼는 친구를 만날 이유가 있는가 말이다.

부자가 될 우리에게는 긍정적인 친구가 필요하다. 실제로 부자들은 긍정적인 사람만 만난다. 부자는 그들 스스로 긍정적이기도 하다. 부자들을 취재한 내용을 자기 웹사이트에 올리는 토마스 콜리Thomas C. Corley라는 작가가 있다. 그가 직접 조사한 바에 의하면, 부자 가운데 86퍼센트는 부정적인 태도를 가진 사람들과 아예 접촉을 피한다.

지금의 의미 없는 관계들을 정리하고, 제대로 된 친구를 만나자. 사실 잘 생각해보면 친구가 아니라 그냥 알고 지내는 지인이라고 표현하는 게 더 맞는 인간관계도 많을 것이다. 그러니 사람에 연연하지 말고 부정적인 기운을 내뿜고 나에게 독이 되는 인간관계들은 체에 걸러내듯 정리를 하자.

부잣집 딸로 태어나서 아무 걱정 없이 살다가 평범한 직장인과 결혼하는 바람에 처녀 시절 백화점 재스민 회원인 엄마 따라 다니며 누리던 백화점 쇼핑과 외제차는 이제 남의 얘기라고 생각하고 사는 지인이 있다. 그런데 그녀의 친구는 결혼 전 평범한 삶을 살다가 철저히 돈을 좇아 부잣집에 시집을 갔다. 그녀는 기사 딸린 외제차를 타고 명품 가방을 색깔별로 들고 다니며 '네가 처녀 때나 나보다 잘나갔지 지금은 별 볼일 없는 남자 만나 나보다 못하니까 내가 부럽지?' 하는 식으로 부를 과시했다. 그 친구 때문에 지인은 스트레스가 이만저만이 아니라고 해서 물었다.

"그런 친구를 친구라고 할 수 있을까?"

그녀의 대답인즉 학교도 같이 다니고 오래된 사이라 주변 친구들과도 다 같이 어울리는데 그 친구랑 인연을 끊으면 친구들 모임에도 못 나가게 되기 때문이란다. 게다가 이제는 그 친구가 돈이 제일 많으니 다른 친구들도 그녀와 더 친해지려 해서 소외되는 기분이라고.

이런 친구가 과연 우리에게 필요한 것일까? 이 정도면 이미 친구 사이가 아니다. 돈 많은 친구한테 잘 보이려고 그녀에게 소홀해진 다른 친구들도 정상이 아니지 않은가? 이런 관계를 왜 친구라는 이름으로 유지해야 하는가?

그러니까 언니가 하고 싶은 말은, 친구를 잘 사귀어야 부자되는 길이 꼬이지 않는다는 거다. 친구 없어 외롭다고 아무하고 친구하지 말라는 것이다. '까마귀 노는 곳에 백로야 가지 마라'라고 했다. 물론 '초록은 동색'이라는 말도 있다. 나는 내 수준의 친구를 만나게 되어 있으니 내가 먼저 괜찮은 사람이 되는 것도 잊지 말자.

좋은 친구와 함께 부자되는 길을 걸어보자. 같이 가면 더 오래 걸을 수 있다.

10

부자 메이트가
필요한 이유

/ 돈이 없는 게 아니라 돈의 흐름을 공유하지 않는 게 문제 /

자수성가한 집 가운데 부부가 서로 뜻이 안 맞는 경우가 없다고 한다. 사이좋은 부부는 평생의 반려이면서 서로에게 좋은 친구이자 부자의 길을 함께 가는 소울 메이트다. 내 고객들을 봐도 그렇다. 확실히 부부가 싱글보다 재테크를 더 잘한다.

하지만 적지 않은 부부들이 같이 재테크를 하는 게 아니라 한쪽에게 일임한다. 남편은 아내에게 월급을 맡기고 재테크도 맡기고 신경을 끈다.

"난 돈 벌어올 테니까 재테크는 당신이 알아서 해."

아내를 믿고 맡겼지만 시간이 지나다 보면 남편은 자기가 왜 돈을 벌어야 하는지 의미를 잃어버린다. 그래서 보너스 들어오면 딴 주머니 차고 싶고 남자 동료들이랑 좋은 데도 가고 싶어진다. 아내가 돈을 불리기 위해 얼마나 알뜰하게 살림을 하는지, 자기가 버는 돈이 어떻게 쓰이고 얼마나 저축되는지 의심스럽다. 부부싸움은 그렇게 시작된다.

"내가 그렇게 돈을 벌어다 줬는데 어디다 그걸 다 썼냐?"

"나 혼자 썼어? 자기가 외식하자며. 사이판 가자며!"

"너 힘들까 봐 외식하자고 했지. 사이판도 나 좋자고 가자 그랬겠어? 내가 돈 벌어다 주는 기계도 아니고, 진짜."

"돈 벌어다 주는 기계? 그 기계 고장 났나 보네."

"뭐?"

"돈이나 많이 갖다 주면 또 몰라. 겨우 그거 벌어오면서 유세는. 나는 뭐 노는 줄 알아? 삼시 세끼 밥해야지, 설거지해야지, 빨래해야지, 청소해야지, 애 봐야지, 내 시간은 하나도 없어. 자기는 퇴근했다고 집에 오면 손가락 하나 까딱 안 하잖아. 난 퇴근도 없어."

"밥은 밥솥이 하고 빨래는 세탁기가 하고 청소는 거 뭐냐, 저번에 내가 생일 선물로 사준 로봇 청소기가 하는 거지. 그리고 딸 하나 키우면서 뭐가 그렇게 힘들어? TV 보니까 아들 셋 키우면서 부동산 투자해서 아파트 열두 채 가진 여사도 나오더만."

"남편이 돈을 많이 벌어다 줬겠지. 윗집 은서네 좀 봐. 그 집 남편은 돈도 잘 벌어오면서 집안일도 잘하고 애는 또 얼마나 잘 보는 줄 알아? 주말엔 혼자 애 먹이고 씻기고 놀아주고 은서 엄마는 놀다 오라고 밖에 내보내잖아. 와이프 힘들다고 평일에는 하루 네 시간씩 도우미도 붙여줘. 알아?"

"그렇게 부러우면 그 집 남편이랑 살지 왜."

"하, 그럴 수만 있다면 그러고 싶네."

여기서 더 나가면 이혼하네 마네에 이르고, 거실의 시끄러운 소리에 깨어 아이가 눈을 비비고 나오는 바람에 싸움을 멈췄다 해도 부부의 마음에는 상처가 남는다. 그리고 이제 아내는 딴 주머니를 찬다. 친구 결혼식이나 돌잔치가 있어도 입고 갈 게 변변찮은데 옷이라도 한 벌 사려면 남편이 "친구가 결혼하지 네가 결혼하냐? 옷은 왜 사?"라고 면박 줄 게 빤하니 더럽고 치사해서 남편 몰래 돈을 꿍친다.

남편도 가욋돈이 생기면 꼬불쳐두고 가끔 돈을 꺼내 술 마시는 데 쓰거나 비싼 전자 기기를 사는 데 쓰면서 스트레스 해소용이라고 스스로 변명한다. 하지만 아무리 몰래 딴 주머니를 찬다고 해도 부부는 서로 눈치채고 있다. 그저 모르는 체할 뿐.

/ 열 남편 안 부러운 부자 메이트 /

반면 돈의 흐름을 공유하고 서로 상의하며 함께 재테크를 해나가는 부부는 사이가 좋다. 혹은 사이좋은 부부가 재테크도 잘한다. 설령 투자에 실패했다 해도 함께 책임을 지며 "그러니까 내가 처음에 주식은 하지 말자고 했잖아!"라고 상대방을 비난하지 않는다. 서로를 위로하고 다독이며 다시 앞으로 나아간다.

남편이 아내에게 재테크를 일임했다 해도 아내는 '신경 꺼, 내가 알아서 할게' 하는 태도가 아니라 재정 상태를 구체적으로 남편과 공유한다.

"당신이 벌어오는 돈이 월평균 300만 원이고, 양가 부모님 용돈까지 해서 생활비를 180만 원으로 책정했잖아. 지난달 식비 아끼고 미용실 안 갔더니 16만 원이나 남았어. 그래서 다음 달부터는 생활비를 160만 원으로 줄이고 저축을 140만 원으로 늘리려고 해. 우리가 매달 120만 원씩 모은 돈이 벌써 2,000만 원 가까이 돼. 3,000만 원이 모이면 투자를 시작해보자. 앞으로 더 아낄게. 당신도 더 열심히 일해서 인센티브도 받아오고 힘들겠지만 조금만 더 참아. 우리가 투자 잘해서 돈이 커지면 돈이 당신 대신 일해줄 거야. 그때부터 회사는 취미로 다니면 돼."

남편이 지치면 아내가 격려해주고, 아내가 힘들어하면 남편이

토닥여주니 포기하지 않고 꾸준히 돈을 모으고 자산을 키워나간다. "당신이 하는 일이 다 그렇지 뭐"라는 소리는 듣기 싫다는 자존심이 있어서 웬만해선 중간에 그만두지 않는다.

그래서 부부들은 재테크를 잘하고 자산 유지도 잘한다. 그러다 이혼하면 저축이건 투자건 100퍼센트 다 깨지긴 하지만(당연한 건가?). 그러니 결혼하면 돈 문제에 관한 한 모든 것을 남편과 공유하고 뜻을 합쳐 부자의 길을 가시기를.

아직 싱글이라면 혼자 판단하고 결정하니 빠르고 가볍게 움직일 수 있다. 하지만 싱글들은 힘들 때 쓰러지지 말라고 잡아줄 사람이 없고, 잘하고 있을 때 더 잘하라고 응원해줄 사람이 없다. 재테크를 혼자 시작하고 혼자 그만둔다. 쥐도 새도 모르니 중간에 포기하기도 쉽다. 그래서 친구가 필요하다. 함께 부자의 길을 가는 나의 소울 메이트 하나, 남의 집 열 남편이 안 부럽다.

나도 부자 친구 하나 있으면 얼마나 좋을까 생각만 하지 말고 마음 맞는 친구를 물색해보라. 친구와 함께 부자로 성장해나가는 거, 얼마나 멋진가? 아마 지금의 부자들 역시 서로 정보도 공유하고 의논도 하고 격려도 하면서 함께 커오지 않았을까?

부자 메이트를 만드는 것보다 완벽한 노후 대비는 없다. 돈 모으는 것만 노후 대비가 아니다. 재테크도 하고 노년을 함께할 수 있는 좋은 친구도 만들고. 누이 좋고 매부 좋고 꿩 먹고 알 먹고다.

부자 미션

친구 리스트를 만들어보자. 친한 친구, 그냥 아는 사람, 만나고 싶지 않은 사람으로 나누어보고 친한 친구 중에서도 그냥 친하게 놀기만 하는 친구, 하나라도 나에게 뭔가 깨달음을 주는 친구로 또 나눠볼 필요가 있다. 이렇게 해보면 누가 진짜 내 친구고 누가 그냥 아는 사람인지, 누가 정리할 대상인지 한눈에 들어온다. 또 살다 보면 나는 그 친구를 친구라고 생각했는데 알고 보니 아닌 경우도 겪게 되는데 이럴 때는 과감하게 관계를 정리하자. 그래야 사람이 공해가 되지 않는다.

만남의 종류도 구분해보자. 어쩔 수 없이 나가는 의미 없는 모임은 무엇이고, 내게 도움이 되는 모임은 무엇인지 곰곰이 생각해 적어보자.

이렇게 하면 돈과 시간을 낭비하지 않을 수 있고 불필요한 인간관계를 맺지 않아도 된다. 약속을 잡을 때도 우선순위를 정하고 중요한 모임에 집중할 필요가 있다. 이렇게 인간관계도 다이어트를 하자.

11

(공부 안 하고
부자된 사람은 없다)

/ 부자들은 왜 그렇게 『삼국지』를 좋아할까? /

"자네 『삼국지』 읽었나?"

공부 이야기가 나올 때 언니가 부자들에게 가장 많이 들었던 질문이다. 『삼국지』? 그거 옛날 중국 남정네들이 온갖 권모술수와 음모를 동원해 서로 싸우고 땅 뺏고 뭐 그러는 엄청 긴 소설 아닌가? 그거랑 부자되는 거랑 대체 무슨 상관?

하도 『삼국지』 읽어봤냐는 소리를 듣다 보니 나도 한번 읽어봐야겠다는 생각이 들었다. 그래서 큰맘 먹고 읽기 시작했다. 그렇게 조금씩 읽어나가다 보니 부자들이 왜 『삼국지』를 그렇게 좋아하는지 알 것 같았다.

『삼국지』에서 끊임없이 펼쳐지는 전쟁은 그저 스토리를 끌고 나가는 소재들일 뿐 진짜 주제는 아니었다. 이 책이 말하고자 하는 것은 인간의 속성, 사람의 마음이었다. 사람의 심리를 공부하는 데는 심리학 책도 좋겠지만 『삼국지』만큼 유용한 것도 없다.

사람의 심리를 알아야 하는 이유는 단순하다. 경제 역시 사람이 움직이는 것이기 때문이다. 무슨 기계 장치가 있어서 경제가 그걸 따라 움직이는 게 아니다. 우리는 경제, 금융, 돈을 모두 숫자로 보지만 실은 사람이다. 주식이 오르는 것도, 부동산 가격이 폭락하는 것도, 경제가 살아나는 것도 모두 사람들 심리 때문이다.

부자들은 『삼국지』 같은 소설만 보는 게 아니라 역사 공부도 참 열심히 한다. 세상이 어떻게 흘러왔고 어떻게 흘러갈 것인지 알고 싶어서, 또 100년 전 사람이든 지금 사람이든 본질적인 심리 구조는 같기에 인간을 이해하기 위해서다.

역사 가운데서도 자본주의가 시작된 시점부터가 참 흥미롭다. 네덜란드에서 어떻게 주식 시장이 탄생했는지, 채권이 어떻게 유럽 도시 국가들 사이에 확산됐고 그 가운데 로스차일드^{Rothschild} 가문이 어떤 방법으로 돈을 벌었는지 알면 소설보다 재미있다. 덤으로 현대 경제의 핵심 구조도 이해할 수 있고, 미래에 사람들의 마음이 어떻게 변해갈지도 짐작할 수 있다.

/ 쓰나미가 오는데 공부를 하라고? /

요즘은 부자들이 뭘 읽나 봤더니 4차 산업혁명에 관한 책을 꽤 읽는 거다. 웨어러블 인터넷이나 유비쿼터스는 대충 알겠고 3D 프린팅도 들어는 봤는데 IOT$^{Internet\ of\ Things}$는 또 뭔지.

부자들은 첨단 기술이며 미래에 얼마나 관심이 많은지 모른다. 그도 그럴 것이 이미 과거의 법칙이 잘 들어맞지 않고 미래 예측도 쉽지 않은 시대에 접어들었기 때문이다. 경기가 요동치듯 변동하면서 모든 것이 혼란의 도가니에 빠져버렸다. 원래는 주식이 강세면 채권은 약세고, 달러 투자 가치가 좋으면 금은 가치가 떨어지는데 이마저도 딱 맞아떨어지지가 않는다. 그래서 넋 놓고 하던 대로 하거나 남들 하는 대로 따라 하기만 하면 눈 뜨고 코만 베이는 게 아니라 손발까지 잘리게 생겼다. 그러니 공부를 안 하려야 안 할 수가 없다.

테크놀로지 세상도 열심히 변하고 있다. 자동차는 이미 저 혼자 알아서 주차를 하고, 부산에서도 서울에 있는 집의 불을 끄고 켤 수 있게 됐다. 인공지능으로 미래에 수많은 직업이 없어진다고 하는데 그렇다면 무엇을 준비해야 할까? 과학기술의 발달로 4차 산업혁명이 일어나고 있는 판에 공부를 안 하면 쓰나미가 몰려오는데 "저기 쓰나미가 오는군" 하고 앉아 있는 것과 다르지 않다.

지금 여기는 어디인가? 눈 크게 뜨고 사방을 둘러봐야 한다. 그리고 이것을 잘 알려주는 게 우리보다 스물아홉 배는 똑똑하고 경험 많은 사람들이 우리 보라고 쓴 책들이다.

/ 책, 일단 읽으면 된다 /

문학이든 역사든 미래 과학이든 부자들은 공부하는 걸 즐거워한다. 내가 하는 공부가 내 부를 만들어주는 밑천이 된다는 걸 아는데 어떻게 즐겁지 않을까! 학창 시절 우리는 왜 공부해야 하는지 몰랐다. 그래서 공부가 지루했고, 머리 싸매고 미적분 풀고 화학식 외워봐야 사회 나가면 쓸데도 없는데 나는 지금 왜 이러고 있나 하는 회의가 10분마다 엄습했다. 써먹을 수 있는가 없는가를 떠나서 우리 뇌는 공부하면 할수록 똑똑해지는데 말이다(뇌는 신경가소성이라는 게 있어서 지적 자극을 받으면 구조와 기능이 변한다고 한다).

역시 사람은 공부를 해야 한다. 부자가 되려는 우리는 더더욱 그렇다. 투자란 돈을 넣고 빼는 문제를 넘어 세상을 읽는 거니까.

얼마 전까진 평범했으나 재테크에 눈뜬 이들의 책을 읽어봐도 그렇고, 세계적인 투자자들이나 CEO들도 그렇고 열심히 책을 읽지 않는 사례가 없다. 자기 분야나 돈과 관련 없어 보이는 분야의 책까지 다독한다. 그렇다. 공부 안 하고 부자가 된 사람은 없다.

공부는 부자되는 체력을 길러주는 아주 좋은 방법이다. 늘 부자되는 로드맵 초반부에서만 맴돌고, 자꾸 포기하게 된다면 꾸준히 책을 읽어보시길. 관심 가는 주제의 책부터 가벼운 마음으로 읽는 거다. 처음부터 끝까지 완독하지 않아도 되고, 목차대로 읽지 않아도 된다. 지금은 재테크에 관심이 있을 테니 부동산이든 주식이든 남들은 어떻게 해서 자산을 불렸는지 찾아 읽다 보면 다시 의욕이 솟아날 거다.

그런 다음 금융과 역사에 대한 책도 읽고, 사회 현상에 관한 책도 읽고, 그렇게 점점 범위를 넓혀 읽어가다 보면 아는 것이 쌓이면서 이해도 쉬워지고 책 읽는 재미를 느끼게 된다. 처음부터 너무 어려운 책을 고르면 베개로밖에 쓸 일이 없으니 쉬운 책부터 읽고 어려운 책은 아껴뒀다 나중에 보자. 그때는 '오, 무슨 말인지 이젠 다 알겠어!' 하고 깜짝 놀랄 거라고 언니가 장담한다.

또 책 읽기는 마음을 치유해준다. 심리 치료 가운데 독서 치료도 있잖은가. 운동부터 외국어, 해외 진출까지 쉼 없이 도전하고 씩씩하기가 사나이 못지않은 어느 연예인이 우울증이 왔을 때 매일 책을 읽었다는 이야기를 들었다. 결국 그녀는 우울증을 이겨내고 다시 씩씩해졌다.

한 커피 프랜차이즈 회사의 대표도 사업 초기에 일이 잘 안 풀려 낙담했을 때 한 달 내내 대부분의 시간을 책 읽는 데 썼다고 한다. 그렇게 책벌레처럼 책을 파서 얻은 깨달음으로 그는 회사에 혁신을 꾀했고 결국 우리나라에서 가장 많은 매장을 가진 브랜드로 만들었다. 그 회사 직원들은 한 달에 한 권씩 책을 읽고 독후감을 제출해야 한다. 그는 달마다 몇 백 편의 독후감을 읽고 일일이 코멘트를 한다. 책으로 자신의 인생과 사업이 완전히 바뀌었으니 직원들한테 책을 안 읽히는 게 오히려 이상한 일이다.

길을 잃고 헤매는 사람이 책을 읽으면 그 안에서 길을 찾을 수 있고, 감정이 널을 뛰는 사람이라면 요동치는 감정을 가라앉힐 수 있을 것이며, 남의 말에 휘둘리는 사람은 자기 주관이 생길 것이고, 끈기가 없다면 끈기를 연습할 수도 있을 것이다. 그러면 종잣돈을 모으고 투자를 해나가는 일도 훨씬 잘할 수 있다. 도서관에 가면 그렇게나 훌륭한 책들을 다 공짜로 볼 수 있는데도 안 읽으면 나만 손해다.

나는 분명 한글을 읽고 있는데 해석이 안 되고 무슨 내용인지 머리에 통 입력이 안 된다면 동영상으로 다큐멘터리나 강의를 보는 것부터 시작하면 된다. 중요한 건 공부를 놓지 않는 거다. 나는 빨리 돈을 불리고 싶은데 언니는 왜 콕 짚어 투자처를 안 가르쳐 주고 자꾸 공부만 하라는지 짜증이 좀 나겠지만, 우리나라 교육

시스템이 왜곡돼 있어서 그렇지 공부는 원래 재미있는 거다. 그리고 공부 안 하고 부자된 사람은 없다니까? 그런 사람이 있다 해도 공부를 하지 않으면 결국 부를 유지하지 못한다.

갑자기 거액의 복권에 당첨된 사람들이 빛의 속도로 돈을 탕진하거나 빈털터리도 모자라 빚더미에 앉았다는 이야기를 우리는 참 많이 들었다. 뭐 그래도 복권 한번 당첨돼보면 소원이 없겠다고, 나는 절대 안 그럴 거라고 말하지만 사람 마음이 화장실 갈 때 다르고 나올 때 다르다. 막 돌변한다.

한 사람이 가지고 있는 지식과 정보 그리고 철학까지 온 힘을 기울여 만들어내는 결과물이 책이다. 그러니 책을 통해 우리가 얻을 수 있는 것들은 상상 외로 많다. 오늘부터는 머리맡에 스마트폰이 아니라 책을 두고 잠자기 전이나 짬이 날 때마다 책을 보는 습관을 길러보자.

부자 미션

책을 읽으라고 하면 또 서점 가서 책 쇼핑을 잔뜩 하실까 봐 당부드린다. 우리 집 주변에 있는 도서관을 검색해보자. 그리고 주말이나 휴가 때 짬을 내서 읽고 싶은 책들을 빌려오자. 물론 도서관에 앉아서 책을 읽어도 좋다. 읽고 싶은 책이 신규 도서라 아직 도서관에서 찾을 수 없다면, 온라인이나 오프라인으로 해당 도서를 신청하면 도서관에 입고된다. 이렇게 돈 안 들이고 수많은 책을 접할 수 있는 방법이 있으니 제발 집에 컬렉션하듯 책을 쌓아두지 말자. 책을 사들이는 데 쓰는 돈만 해도 적지 않다. 그리고 읽지 않고 장식으로 꽂아둔 책들은 중고서점에 되팔자. 책장도 다이어트가 필요하다. 좋은 책은 무료로 빌려 보고 안 읽는 책은 중고서점에 되파는 책장 다이어트! 오늘부터 꼭 해보자.

12

(먼저 인간이 되어라)

/ 부자가 되는 것은 성장하는 것 /

"언니, 시간이 너무 걸려요. 좀 더 빨리 부자가 될 수 없어요?"

15년 이상을 바라보고 가야 한다고 하면 한숨부터 쉰다. 시간 오래 걸린다고 걱정할 게 무언가. 시간이 안 갈 것 같은가? 시간은 알아서 잘 간다. 엊그제 스무 살 대학생이었는데 벌써 대학 졸업한 지가 언제인지 기억도 잘 안 난다. 시간이야 늘 너무 빨리 가는 게 문제니 시간 안 간다는 걱정일랑 하지를 마시라. 누구에게나 같은 시간이 흐르지만 그 시간 동안 무엇을 하는지에 따라 우리 인생이 달라지는 것일 뿐이다.

"언니, 왜 수익이 안 나요?"

종잣돈 모으는 것까지는 잘했는데 투자를 시작하고 나면 갑자기 마음이 급해져서 어린애들처럼 보채기도 한다. 기다리는 자에게 복이 있거늘. 뭐든 시간 안 걸리고 도깨비방망이 한 번 뚝딱 휘둘러 이루어지는 일이 어디 있을까. 여러분이 좋아하시는 그 드라마도 결론이 나려면 12회나 15회까지 봐야 하고 즐겨 하는 스마트폰 게임도 끝판왕을 만나려면 몇백 게임은 해야 한다. 그런데 왜 유독 투자는 내가 하자마자 수익이 나야 하냐고.

초보자가 무술을 배우기 위해 고수를 찾아간다. 하지만 사부님은 청소나 밥 짓기, 빨래만 시키고 무술은 안 가르쳐준다. 처음에야 성실하게 하지만 결국 참다못한 제자는 불평을 터뜨린다.

"사부님, 제가 이 일을 언제까지 해야 합니까!"

그러면 사부님은 "이놈아, 우선 하라는 일이나 잘해!"라고 호통치며 사라진다. 여기서부터가 무림 고수가 될지 말지를 결정짓는 중요한 시점이다. 이때 때려치우고 산을 내려가면 무급 노동만 하다 끝나는 셈이고, 밥하고 청소하고 빨래하고 사부님 수련하는 모습도 엿보며 묵묵히 일하다 보면 어느새 무술을 배우기에 딱 좋은 몸과 마음이 되어 있다. 이때 사부님은 드디어 무술을 가르쳐준다.

왜 이런 일을 해야 하냐고 불평을 터트리는 제자에게 사부님이 하고 싶은 말은 사실 "먼저 인간이 되어라"였을 것이다. 하지만 보아 하니 인간이 되라는 말이 무슨 뜻인지 알 위인도 아닌 거다. 그러니 하라는 일이나 잘하라고 호통친 거지. 스스로 깨닫는 날이 오겠거니 하면서.

언니가 자산관리사로 일한 햇수가 늘어날수록 느끼는 바가 있는데, 부자가 되는 것은 곧 인간이 되어가는 길이라는 거다. 자기 수양이 안 돼 있으면 부자가 되기 힘들다. 기다리고, 끊임없이 노력하고, 때로는 좌절이 와도 꿋꿋하게 버텨나가고, 평정심을 잃지 않으려고 노력해야 한다. 일과 삶의 균형을 잘 맞추며 편안한 일상을 보낼 수 있도록 나와 주변 상황을 잘 매만질 줄 알아야 한다. 그래야 긴 시간 힘든 투자를 견디며 돈을 불려나갈 수 있다. 나는 성장을 안 하면서 내 돈만 무럭무럭 자라기를 바라는 것은 욕심이다.

수익률에도 너무 욕심을 낸다. 그러다 망한 사례를 들려주면서 욕심내지 말라는 조언을 하면 대부분은 "에이, 전 욕심 안 내요", "전 그런 사람 아니거든요!"라고 한다. 언니도 그랬으면 좋겠지만, 평소에는 멀쩡하다가도 투자를 딱 하는 순간 다른 인격의 사람이 등장한다.

주식 투자로 어느 부부에게 수익을 올려준 적이 있다. 그 후에는 원래 약속했던 로드맵대로 돈을 불려나갔어야 하는데, 원래 없었던 돈이 생기니까 더 과감한 투자를 하고 싶은 마음이 생겼나 보다. 그래서 지인의 회사에 1억 원을 투자했고, 매달 10퍼센트씩 수익을 얻기 시작했다. 몇 달간 또박또박 현금이 들어오자 성공적이라고 생각한 부부는 더 많은 수익을 얻기 위해 1억 원을 더 투자했다. 하지만 행복한 나날은 오래가지 못했다. 회사에 악재가 겹쳐 투자금을 한 푼도 회수하지 못하고 만 것이다.

또 한 고객은 이율이 높다는 이유로 계를 시작했다. 동네 아주머니들이 10년 동안이나 해온 계니까 걱정 안 해도 된다는 말을 쉽게 믿어버렸다. 욕심이 리스크를 보는 눈을 가린 것이다. 결국 계주는 도망을 갔고 그녀는 7,000만 원이라는 큰돈을 한 번에 잃었다.

/ 투자는 불로소득이 아니다 /

일단 욕심이 생기는 순간, 나는 위험에 빠졌다고 생각해야 맞다. 그런데 이런 욕심은 왜 생기는 걸까? 투자는 내가 일해서 돈을 버는 것이 아니니 불로소득이라고 생각하기 때문이다. 말 그대로 돈을 던져놓으면 그게 알아서 마구 몸집을 불려 고스란히 돌아올 것이라는 순진한 생각을 한다.

투자로 인한 소득은 절대로 불로소득이 아니다. 그것은 정직한 노동의 대가이고 노력을 기울인 만큼만 되돌아오는 착한 소득이다. 그 투자를 결정하기까지의 과정을 생각해본다면 이해가 될 것이다. 발품도 팔아야 하고 정보도 찾고 결단도 내려야 한다. 여기에 인내도 필요하다. 그냥 직장에서 시키는 일만 하는 것하고는 차원이 다르다. 오히려 직장에서 일하는 것보다 더 많은 노력이 필요하다. 그러지 않으면 내 돈을 잃는다. 이것이 노동이 아닐 리없다. 이 사실을 망각하면 그때부터 욕심이 서서히 고개를 든다. 그렇다면 묻고 싶을 것이다.

"언니, 그럼 어디서부터가 욕심이에요?"

내 생각이 욕심인지 아닌지를 판단하는 기준이 하나 있다. 바로 '내가 원하는 수익만큼의 리스크를 감당할 자세가 되어 있는가'다. +100을 원하면 -100도 감당할 수 있어야 한다. 이게 안 되면 욕심이다. 따라서 수익률 10퍼센트를 바라는데 리스크는 0퍼센트여야 한다는 건 욕심이지만, 수익률 30퍼센트를 바라고 리스크도 -30퍼센트까지 감당할 수 있다면 욕심이 아니다. 그런데 이게 말처럼 쉽지가 않다. 이익을 보면 더 큰 이익을 보고 싶고 손해를 보면 만회하고 싶어서 무리를 한다.

더 많이 벌고 싶은 것도 욕심이고 더 빨리 벌고 싶은 것도 욕심이다. 당장 다음 달이면 두 손에 수익이 들어와야 한다고 생각한다. 주식 투자한 지 일주일밖에 안 됐는데 왜 수익이 안 나냐고 초조해한다. 사부님의 목소리가 들려오는 것 같다.

"먼저 인간이 되어라."

사부님이 처음부터 무술을 가르쳐주지 않는 이유가 분명히 있다. 절정의 무술을 가르쳐줬을 때 그것을 받아들일 수 있는 기초 체력은 물론이거니와 그 무술로 악행을 저지르는 데 쓰지 않을 인격을 갖춰야 한다고 생각해서 그 오랜 시간 수련을 시키는 것일 터. 우리도 스스로를 돌아보자. 과연 나는 부자가 되기 위해 얼마나 준비가 되어 있는지, 돈을 불리고 지킬 체력은 잘 길러놓았는지 말이다.

부자 미션

부자되는 길에 필요한 기초 체력에는 어떤 것들이 있을지 생각해보자. 나는 과연 얼마나 준비가 되어 있는지, 나는 어느 정도의 그릇인지를 생각해보자. 또 앞으로 더 큰 돈을 담는 그릇이 되려면 어떤 점을 고쳐야 하는지 혹은 발전시켜야 할지 고민해보자.

투자는 기가 막히는 정보를 알아내서 수익을 내는 것이 전부가 아니다. 정보를 판단하고 선택해서 실행에 옮길 수 있는 행동력, 그리고 그 과정에서 마음의 평정심을 잃지 않는 담대함도 갖춰야 한다. 내가 성장해나갈수록 내 돈도 커질 것이다.

13

(나는 왜
부자가 되고 싶은가?)

/ 부자의 자격 /

2012년 대통령 선거일은 아직도 또렷하게 기억에 남아 있다. 선거일이 얼마 지나지 않아 지인의 결혼식이 있었는데 그날 소울 메이트를 만나 함께 결혼식에 참석해서 밥을 먹었다.

"수진아, 투표했어?"

"응, 했지."

"그래, 누구를 뽑든 난 네가 소신을 가지고 투표했기를 바란다."

그 말이 뭐라고, 나는 큰 충격을 받았다. 소신? 그런 게 나한테 있을 리가 없잖아. 나는 정치에 관심이 한 개도 없고 투표도 엄마가 시키는 대로 그 번호를 찍고 왔을 뿐. 선거 날 놀러 가지 않고 투표하고 왔다는 것에 내심 뿌듯했었는데 투표하는 행위 자체가 중요한 것이 아니라 내가 누구에게 왜 표를 던지는지가 중요한 거였다.

그녀는 나에게 중산층의 기준에 대해서 생각해봤는지도 물었다. 다른 나라와 비교하고 싶지는 않지만 그래도 멋진 중산층의 기준을 가지고 있는 나라들이 있다고 했다. 그들은 자랑할 만한 취미가 한 가지는 있을 것, 정치적 철학을 가지고 소신 있게 투표할 것, 외국어 하나는 할 줄 알 것, 불의를 보면 분연히 일어날 것, 자신만의 요리 레시피 하나쯤은 있을 것 등의 기준을 가지고 있다고 했다. 그들의 삶에는 철학과 소신이 있고 아름다운 삶에 대한 기준이 있었다.

반면 우리나라의 중산층 기준이 몇 CC 이상의 자동차, 몇 평 이상의 아파트, 얼마 이상의 수입처럼 죄다 돈과 관련한 숫자인 것에서 알 수 있듯이 돈을 좇는 사회 분위기가 만연하므로 그 친구는 모든 사람들이 행복해질 수 있도록 정치가 제대로 작동하기를 원한다고 했다.

정말 머리를 망치로 몇 대 얻어맞은 기분이었다. 아무 생각 없이 개인의 행복만을 위해 부자가 되는 방법을 알려주는 자산관리사였던 내가 하염없이 부끄러웠다. 왜 그간 사람들의 돈만 불려주는 데 집중했을까 반성하고 또 반성했다. 불과 5년 전 일이라니 나도 믿어지지 않는다. 이후 선거부터는 엄마가 아니라 내가 믿고 생각하는 바에 따라 표를 주었고, 모든 일에 소신을 갖고 살려고 노력했다. 또 돈만 있는 사람이 아니라 소신 있는 부자가 되자고 마음먹었고 이런 생각을 많은 사람에게 나누고자 애쓰고 있다.

멋진 중산층의 기준을 가진 나라들은 이미 1800년대에 시민혁명을 통해 성숙한 자본주의를 만들고 시민의식을 길러왔다. 하지만 우리는 일제에서 해방된 지 이제 70년, '문민정부'를 통해 본격적인 민주주의가 시작된 지는 25년도 안 됐다. 유럽에 비해 미숙한 것은 어쩌면 당연한 일이다. 중요한 건 앞으로다. 우리 앞 세대들이 '소신 없는 부자', '개념 없는 부자'로 살아왔다면 우리는 '아름다운 삶에 대한 기준이 있는 소신 있는 부자'가 되어보자는 이야기다.

또 내 돈을 키워나가는 과정에도 소신이 있어야 한다. 소신이 없으니 이리저리 휘둘리고 끈기 있게 해나가질 못한다. 이 사람 말들으면 이 사람 말이 맞는 것 같고, 저 사람 말 들으면 저 사람 말이 옳은 것 같다. 중립적이고 객관적인 체하면서 "양쪽 다 일리가 있어" 혹은 "둘 다 잘못이 있네"라고 말하지만 사실 자기 생각이 없는 것이다. 왠지 공정한 것 같고 편하기도 해서 양시론이나 양비론을 펼치지만 실은 소신 부족이다.

그렇다면 어떻게 소신을 가질 수 있냐고? 내 머리로 생각을 하면 된다. 엄마 말이라고, 친구 말이라고, 혹은 권위자의 말이라고 무비판적으로 받아들일 게 아니라 한 번 더 생각해보고 곰곰이 따져보는 것이다. 토론 연습을 해보는 것도 좋다. 남자 이야기, 음식 이야기, 화장품 이야기를 하면서도 토론은 충분히 가능하다. 반론 제기하는 걸 어려워하는 성격이라면 머릿속으로 친구와 토론할 수도 있다.

/ 돈, 그 이상의 꿈 /

왜 부자가 되고 싶은가? 경제적 풍요만을 꿈꾸며 부자되는 길을 걷기에는 유혹이 너무 크다. 먹고 싶은 것도, 사고 싶은 것도, 하고 싶은 것도 많은 우리는 미래의 즐거움보다는 당장의 쾌락을 좇아 달려드는 불나방들 같으니까.

금수저가 아니라면 부자가 되기까지 적어도 15년 이상의 시간이 걸리는데 돈만을 목표로 해서는 그 길을 꾸준히 가기 어렵다. 그래서 내 인생에서 정말 이루고 싶은 꿈이 뭔지 스스로에게 물어야 한다. 그냥 돈이 많은 게 꿈인 사람은 없을 거다. 물론 당장은 돈 때문에 하기 싫은 일을 해야 하고, 돈 때문에 부모님이 고통받는 걸 봐야 하고, 돈 때문에 생활 자체가 힘들어 그저 돈만 있었으면 좋겠다고 생각하지만, 부자가 되었을 때도 그럴까?

돈을 많이 가지는 것만이 목표였던 사람은 부자가 되고 나면 할 일이 없어진다. 목표를 다 이뤘으니 이제 그 돈을 지키고 사는 데만 전전긍긍하게 된다. 그래서 다른 사람들 눈에는 돈도 많으면서 푼돈에 연연하는 구두쇠로 비칠 수 있다. 우리가 아는 대부분의 부자들은 수단과 방법을 가리지 않고 돈을 끌어모아 부자가 되었다. 부자가 되고 나서의 모습도 전혀 존경스럽거나 아름답지 않았다.

먹고사는 문제가 절박했던 시대에 탄생한 부자들이라 분명 한계가 있었을 것이다. 하지만 왜 우리나라 수준은 이 정도냐고 낙담할 필요는 없다. 이제 우리가 아름다운 부자가 되면 된다. 꿈꾸었던 것들을 하나씩 해나가고 내 부를 어떻게 다시 세상으로 돌려주고 떠날 것인가를 고민하는 멋있는 부자가 되면, 다음 세대들은 우리를 보며 부자는 저렇게 멋있는 존재고 나도 저렇게 되고 싶다는 희망을 가지게 될 것이다.

언니의 꿈은 수행 공동체를 만드는 것이다. 마음이 힘들고 감정 조절이 안 되는 사람들, 매일이 악몽같이 힘든 사람들이 와서 쉴 수 있는 곳을 만들고 싶다. 마음 내키면 밥 짓고 풀도 뽑고 마당도 쓸면서 밥값은 하되 돈을 지불하지 않아도 되는, 마음을 닦는 공간을 만들고 싶다. 그런데 서울에 만들고 싶다. 돈이 꽤 필요하다. 그래서 언니는 열심히 돈을 번다.

돈이 먼저고 그다음에 뭘 할까 생각하는 게 아니라, 꼭 이루고 싶은 꿈을 정하고 그 일에 필요한 돈을 만들어나가는 게 훨씬 더 좋다. 돈을 위해 돈을 버는 것이 아니라 꿈을 위해 돈을 번다. 얼마나 멋진가! 이렇게 멋지고 구체적인 목적이 있으면, 막연히 행복해지기 위해 부자가 되겠다고 생각할 때보다 훨씬 추진력이 붙고 지구력도 는다. 찬란하게 이뤄질 내 꿈을 생각하면 당장의 만족과 쾌락쯤은 시시하게 보인다. 지금 쓰고 나중에 가난할 것이냐, 지금 가난하고 나중에 부자가 될 것이냐의 문제라기보다 삶의 품격 문제다.

한편으로는 기분 문제이기도 하다. '내가 지금 친구들이랑 놀러 가는 것도 참고 반값 세일을 하는데도 참는 건 내 꿈을 위해서야!' 이렇게 생각하면 또 다른 동기 부여가 된다.

꿈이 있는 부자, 아름다운 부자가 되자. 그리고 이런 부자도 있다고 세상에 보여주자.

PART 3

공부는
내 돈 키우는
필수영양소

14

(투자를 하기 전에
알아야 할 것들)

/ 재테크의 최종 목표는 자본가가 되는 것 /

부자의 정의는 사람마다 다를 수 있다. 하지만 자본주의 사회에서 돈 걱정 안 하고 살고 싶다면 내가 일하지 않아도 내 돈이 나를 위해서 돈을 벌어오는 시스템을 가진 자본가가 되어야 한다는 것에는 이견이 없을 것이다. 우리는 노동을 해야만 돈을 벌 수 있는 노동자다. 하지만 부자들은 어떤가? 잠만 자고 일어나도 건물에서 월세가 1,000만 원씩 나온다. 해외여행 가서 골프를 치고 있어도 주식에서 배당금이 꼬박꼬박 때 되면 나온다. 그들은 일하지 않아도 돈이 돈을 벌어다 주는 시스템을 가지고 있다. 이런 사람

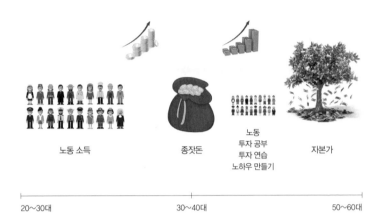

〈자본가가 되는 과정〉

노동 소득

종잣돈

노동
투자 공부
투자 연습
노하우 만들기

자본가

20~30대   30~40대   50~60대

들이 자본가이고 우리도 언젠가는 노동자에서 벗어나 자본가가
되어야 한다. 위 그림은 우리가 자본가가 되려면 거쳐야 할 단계
를 표현한 그림이다.

우리는 노동을 통해서 소득을 만들고, 그 소득 가운데 일부는
지출하고 나머지는 잘 모으고 굴려서 종잣돈을 만들어야 한다. 이
것이 우리가 자본가가 되는 데까지 가는 첫 번째 단계다. 이렇게
해서 약 1억 원의 종잣돈을 모았다면 그때부터는 투자를 해서 이
돈을 계속 불려나가야 한다. 물론 노동 소득도 꾸준히 유지해줘야
한다. 이렇게 돈을 불려가는 것이 두 번째 단계다.

약 10억에서 15억 원의 자본을 만들면 우리도 드디어 자본가의
대열에 들어설 수 있다. 그런데 왜 10억 원 이상이어야 할까? 이

정도의 자본은 있어야 대출을 받아 20억 가량의 상가 건물을 살 수 있고 월 1,000만 원 정도의 세를 받을 수 있기 때문이다. 주식 투자를 하더라도 10억 원을 투자해 1년에 10퍼센트 수익을 내면 1억 원 정도니 한 달에 1,000만 원을 벌 수 있다.

이쯤 되어야 노동으로 소득을 발생시키지 않아도 여유 있는 생활을 할 수 있다. 자본가가 되면 돈나무에서 돈이 열리듯 더 이상 노동을 하지 않아도 내 돈이 돈을 벌어온다. 그러니 이때부터 노동은 선택이다. 해도 되고 안 해도 된다.

어떤 형태의 자본가가 될지는 자신의 성향을 잘 들여다보고 결정하면 된다. 부동산에 취미와 특기가 있다 싶으면 건물주를 목표로 하면 되고, 주식이 좋다면 주식 투자자로 살아도 된다. 창업해서 기업을 이끌고 싶다면 회사 대표가 되면 된다. 정답은 없다. 어떤 형태건 자신과 잘 맞는 자본가 유형을 선택하면 된다.

그림처럼 자본가까지 쭉 잘 갈 수 있으면 참 좋으련만 어디 인생이 그리 쉽던가? 종잣돈을 모으는 1단계조차 가지 못 하고 계속해서 요요를 겪는 사람들이 수두룩하다. 그래서 부자는 아주 소수라 했던가. 참 안타깝다. 그래서 Part 1, 2에서 재테크 요요가 오는 이유와 이를 막기 위한 체질 개선법에 대해 말씀드렸다.

하지만 체질 개선으로 1단계 종잣돈 모으기까지는 갈 수 있어도 2단계부터는 체질 개선 외에 또 하나가 필요하다. 바로 종잣돈을 투자해 불려나갈 수 있는 지식이다. 1단계에서도 노동 소득을 불려나갈 수 있는 투자가 필요하지만, 꼭 투자를 하지 않더라도 시간을 들여 아끼고 열심히 모으기만 하면 종잣돈 1억 원까지는 어떻게든 만들어진다. 하지만 종잣돈이 커지면 이때부터는 투자를 하지 않으면 돈이 불어나는 속도가 아주 더뎌진다. 1억 원을 예금이나 적금으로 2억 원까지 불리려면 엄청나게 긴 시간이 필요할 것이다. 100만 원씩 10년을 모아도 1억 2,000만 원인데 도대체 몇 년을 모아야 10억 이상의 자본을 만들 수 있단 말인가? 그래서 2단계에는 투자를 통해 내 종잣돈을 점프업시키는 과정이 꼭 들어가 줘야 한다. 그렇다면 이제부터 투자는 어떻게 해야 하는 것인지 공부를 시작해보자.

/ 투자는 운이 아니라 기술, 기술은 배우고 익히는 것 /

더 이상 예금, 적금만으로 돈을 키우기 힘들다는 이야기는 『부자언니 부자특강』에서 충분히 말씀드렸다. 이제는 언니가 더 이상 잔소리하지 않아도 본능적으로 느끼고 계시리라 사료된다. 그렇다면, 돈을 키우려면 투자를 해야 하는데 도대체 투자라는 걸 어디서부터 어떻게 해야 할까?

이건 마치 장님이 코끼리 더듬는 기분, 안개 자욱한 허허벌판을 헤매는 기분이다. 뭔가 뿌연 것이 형태가 보이는 것 같기도 한데 손에 잡히지는 않는 신기루 같고, 대체 어디서부터 어떻게 뭘 공부해야 할지 모르겠다. 재테크 강연회를 가봐도 들을 때는 뭔가 알 것 같은데 집에 오면 다 잊어버린다. 그러니 우리는 누가 족집게 도사처럼 "당신 돈, A 주식에 넣어. 그럼 대박 나!" "이번에 새로 나오는 펀드가 있는데, 그 펀드 나 믿고 무조건 들어. 최소 10퍼센트는 넘게 수익 날 거야!" "집은 그 동네가 뜰 거니까 거기에 무슨 아파트를 사!" 이렇게 이야기해줬으면 세상 편하고 좋겠다고 바란다.

그런데 잘 생각해보시라. 이렇게 돈 버는 곳을 귀신같이 찍어주고 누워서 입만 벌리고 있으면 떡을 뚝뚝 떼어 넣어주는 사람이 있겠는가? 있다고 해도 수익 난 것의 절반은 그 사람에게 복채로 줘야 이런 고급 정보를 받지 않겠는가?

사실 이런 전문가는 찾기도 힘들 뿐더러, 찾았다고 해도 누가 수수료 조금에 울트라 메가 핵폭탄급의 투자 정보를 넘겨주겠는가? 이건 애초에 딜^{deal}이 안 되는 이야기다. 결국 내 돈을 자기 돈처럼 알아서 굴려줄 사람은 없다고 생각하고 깔끔하게 포기하자.

내 돈은 내가 투자하고 관리해야 하고, 나 스스로 그 방법을 익혀야 한다. 전문가들에게 조언을 구하고 도움을 받으며 갈 수는 있겠지만 투자도 인생처럼 내가 책임지고 내 길 내가 가야 하는 것이다. 그럼 무엇을 알아야 하는지부터 이야기해보자.

지식은 형식지形式知, Explicit Knowledge 와 암묵지暗默知, Tacit Knowledge 로 나눌 수 있다. 형식지는 언어나 문장으로 표현이 가능한 지식, 쉽게 말하면 'know what'의 영역이고 암묵지는 'know how'의 영역, 즉 자신이 어떻게 그것을 아는지 설명하기 어려운 개인의 경험으로 쌓인 지식을 뜻한다.

투자자는 형식지를 익히고 난 이후에 암묵지를 함께 익혀나가야 한다. 하지만 대부분의 사람들은 투자를 할 때 공부가 필요하다고 하면 'know what'에만 포커스를 맞춘다. 주식은 무엇인지, 채권은 무엇인지, 금리는, 환율은, 물가는 또 무엇인지 등등 원론적인 지식만 공부하려고 한다. 하지만 경제학 원론을 공부해서 투자를 잘할 수 있다면 경제학 석박사들은 모두 재벌이 되어 있어야 하지 않겠는가?

책에 쓰인 지식만으로 투자를 잘할 수는 없다. 우리가 진짜 관심을 가져야 할 것은 언제 어떻게 투자를 해서 수익을 만들어내는지에 대한 'know how'의 영역이다. 아무리 자전거에 대해 이론적으로 많이 알면 뭐 하는가? 결국 자전거를 직접 타보고 어떻게 해야 중심을 잘 잡고 넘어지지 않을 수 있는지 노하우를 익혀야 한다. 투자 역시 이론적 지식을 바탕으로 실전 경험이 쌓여 만들어

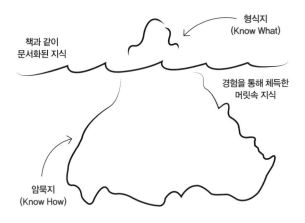

〈지식의 빙산 모델〉

형식지
(Know What)

책과 같이
문서화된 지식

경험을 통해 체득한
머릿속 지식

암묵지
(Know How)

진 노하우가 있어야 잘할 수 있다.

'know what'을 공부한 후, 실전에 적용하면서 자신의 성향과 시장 상황을 대입해보니 이런 결과가 나오더라는 자신만의 데이터를 쌓고 그것이 축적되어 나만의 투자 'know how'가 만들어져야 한다. 하지만 이런 과정이 어렵고 힘들다 보니 그냥 전문가가 알아서 정보와 타이밍을 관리해줬으면 하는 생각이 든다. 아까도 말씀드렸지만 누가 알아서 해주는 일은 단언컨대 없다. 깔끔하게 포기하시라. 내가 내 돈을 지킬 수 있을 만큼의 지식은 필수다.

언제 다 공부하나, 어디서부터 뭘 공부하나 막연하겠지만 걱정 마시라. 언니가 있다! 언니가 또 13년차 투자 노하우 전수의 달인 아닌가! 투자를 하려면 이걸 공부해야 하고 이렇게 감을 익히며 노하우를 쌓아야 한다고 싹 정리해드릴 테니 찬물에 세수라도 해서 맑은 정신을 준비하고 책상에 앉아보시라. 이제부터 언니의 형식지, 암묵지를 모두 전수해드릴 테니까!

/ 투자는 타이밍이다 /

형식지니 암묵지니 무슨 말인지는 다 알겠는데 그럼 도대체 뭘 어디서부터 어떻게 공부하라는 건지 갑갑해서 팔짝 뛰겠다. 일단 거두절미하고, 투자는 타이밍이다.

혹시 정말로 좋아했는데 그 사람과 인연이 아니어서 결국 헤어져야 했던 경험이 있는가? 혹은 아무리 애쓰고 노력해도 그 사람이 나를 돌아봐 주지 않아서 마음이 탕약 쫄듯 시커멓게 타들어본 적은?

인연이 아니면 어떻게 해도 안 되고 인연이면 또 어떻게 떼어놔도 결국 다시 만나게 되어 있다는 생각, 연애하며 한 번쯤은 다들 해보셨으리라. 그렇다. 인생을 살아보니 결국 연애도, 결혼도, 취업도, 이직도, 게임도, 심지어 맛집 가서 줄 안 서고 밥 먹을 수 있는 것도 다 타이밍이더라. 인생이 타이밍인데 투자라고 뭐 용빼는 재주 있겠는가? 투자도 결국 타이밍이다.

대부분의 사람들은 투자를 할 때 무엇에 투자할지만 관심을 가진다.

"언니, 저 무슨 주식 사야 돈 벌어요?"

"언니, 저 펀드 뭐 해야 수익 날까요?"

가장 많이 듣는 것이 이런 식의 질문이다. 이렇게 투자 대상만 고르는 것은 미안하지만 하수 투자자다. 투자 고수가 되려면 시간부터 골라야 한다. 먼저 적절한 타이밍을 고르고, 그다음에 그 시점에 맞는 투자 대상을 골라야 한다. 자꾸 거꾸로 가시면 곤란하다.

그렇다면 그 적당한 시점을 어떻게 찾느냐? 경제를 들여다보면 된다. 지금보다 경제 상황이 나아질 것이라고 예측되면 투자하고, 그 반대라면 투자하지 않거나 경기 침체기에도 수익을 낼 수 있는 대상에 투자하면 된다.

그렇다면 경제는 무엇인가? 경제＝GDP다. GDP? 학교 다닐 때 시험에 많이 나왔던 것 같은데 GDP가 뭐지? 우리가 GD는 좀 아는데. "비투더 아이투더 뱅뱅"의 그 지드래곤, GD! 그럼 GDP는 지드래곤 프리미엄인가? 노노노. 그 GD 아니다. 기억을 잘 더듬어보자. 중간고사, 기말고사에 마르고 닳도록 나오지 않았던가.

기억을 암만 쥐어짜도 모르겠는 그대여, 걱정하지 마시라. 우리에게는 물어보면 뭐든 알려주는 검색 사이트들이 있다. GDP

를 검색해보면 '국내총생산'이라고 나온다. 하지만 여기서부터
가 멘붕의 시작이다. 포털 사이트에서 GDP를 검색하면 이렇게
나온다.

GDP

외국어 표기	Gross Domestic Product(영어)

'국내총생산'을 말한다.

외국인이든 우리나라 사람이든 국적을 불문하고 우리나라 국경 내
에 이루어진 생산활동을 모두 포함하는 개념이다.

즉 국내총생산(GDP)은 한 나라의 영역 내에서 가계, 기업, 정부 등
모든 경제 주체가 일정기간 동안 생산활동에 참여하여 창출한 부가가
치 또는 최종 생산물을 시장가격으로 평가한 합계다. GDP는 우리나
라에서 생산된 모든 소득을 뜻하므로, 우리나라에 와서 일하는 외국인
근로자의 생산활동도 GDP에 포함된다.

국내총생산(GDP)은 현재 경제성장률 등 생산의 중심지표로 사용
되고 있다.

시장이 국내로 제한되었던 시대에는 장소를 불문하고 경제성장률
을 나타낼 때 우리나라 사람의 총생산을 나타내는 개념인 국민총생산
(GNP)를 사용하였다.

그러나 우리나라 국민들(특히 기업들)의 해외진출이 늘어나게 되면서부터 대외수취소득을 제때에 정확하게 산출하는 것이 점점 어려워지게 되었다. 그런 점에서 GNP의 정확성이 전보다 떨어졌다.

이와는 대조적으로 우리나라에 와 있는 외국기업들의 소득창출액은 보다 신속정확하게 파악할 수 있고 외국기업들이 우리나라 울타리 내에서 생산활동에 참여한 대가로 얻게 되는 소득의 상당부분은 사실은 국내에서 지출되거나 재투자 된다. 여기서 주거하면서 먹고살 뿐만 아니라 얻은 소득도 국내에서 확대투자에 쓰거나 국내 자본시장에 투자하기 때문이다.

그리고 고용수준이 올라가거나 내려가는 것, 즉 국내 실업률이 오르내리는 것도 우리기업들의 해외생산활동에 의해서가 아니라 외국기업의 국내생산활동에 의해서 영향을 받는다.

이러한 이유들로 인해서 몇년전부터 대부분의 나라에서 경제성장률을 따질 때 아예 GDP를 가지고 따지게 되었다. 현재 우리나라를 포함해서 OECD에 가입한 나라의 경제성장률 등을 따질 때 별도의 언급이 없더라도 GDP를 기준으로 따지고 있는 것으로 생각하면 된다.

우리나라도 현재 목표경제성장률 같은 것을 따질 때 GNP가 아니라 GDP를 기준으로 잡고 있다.(「시사상식사전」, pmg 지식엔진연구소 저, 박문각)

오 마이 갓. 흰 것은 바탕 화면이요, 검은 것은 글자인가? 이해가 가는 듯하다가도 다시 정신이 몽롱해지고, 그래도 읽다 보면 이해가 가겠지 해서 계속 읽으니 점점 짜증이 나기 시작한다. 내가 이렇게 이해력이 떨어지는 사람인가 자괴감도 든다.

아마도 이런 경험 때문에 우리는 경제 공부가 어렵다고 생각하는지 모르겠다. 하지만 이런 난관에 부딪혔다고 해서 포기하면 안 된다. 언니가 마법처럼 이해가 가도록 도와드릴 테니까 슬그머니 책장을 넘기려고 했던 그 손 딱 멈추시라.

다시 한 번 정리해보자. 투자를 하려면 그 나라의 경제를 들여다봐야 하는데, 경제=GDP다. 그리고 투자를 해도 괜찮을지 아닐지 판단하려면 경제가 성장할 것인지를 봐야 한다. 이때는 경제 성장률을 보면 되고, 경제 성장률은 GDP 증가율과 같은 말이다.

경제 = GDP

경제 성장률 = GDP 증가율

그렇다면 경제 상황, 즉 GDP는 무엇을 통해 알 수 있을까? GDP는 국내총생산이라고 했으니 우리나라의 각 산업들이 얼마나 생산을 했는지의 총합으로 볼 수도 있다. 또 각 경제 주체들인 가계, 기업, 정부가 얼마나 지출했는지와 순수출을 합한 지출 총합으로 볼 수도 있다. 그런데 'GDP 증가율'이라고 할 때 GDP는 보통 지출 총합으로 본다. 생산 총합보다 지출 총합이 추계하기 더 쉽기 때문이다. 이것을 수식으로 표현하면 아래와 같다.

GDP = 소비 + 투자 + 정부지출 + 순수출(수출-수입)

C + I + G + netEx

GDP는 민간 소비, 기업 투자, 정부 지출, 순수출 이 네 가지 항목을 모두 더한 것이다. 여기에서 소비와 투자를 합치면 그것을 '내수'라고 한다. 아! 그게 내수였구나! 이제 내수 경기가 침체되어 어쩌고저쩌고하면 알아들으시겠지?

그리고 투자는 설비 투자와 건설 투자로 나뉘는데 요즘은 지식재산생산물투자도 추가되었다. 하지만 전체 투자에서 차지하는 비율이 미미하여 아직은 GDP에서 투자라고 하면 설비 투자와 건설 투자만 뜻하는 경우가 많다.

정부 지출은 정부가 우리한테 걷은 세금을 얼마나 쓰는가를 보는 것이다. 또 순수출은 수출에서 수입을 뺀 것으로 '무역수지'라고 한다. 아하! 그럼 무역수지가 흑자라는 말은 수출이 수입보다 많았다는 뜻이고, 무역수지 적자란 수출이 수입보다 적었다는 뜻이겠네!

이 틀만 머릿속에 딱 잡혀 있으면 경제 뉴스들을 봐도 이제 무슨 말인지 알아들을 수 있을 것이다. 만약 뉴스에서 우리나라가 수출 부진으로 경기가 좋지 않다는 기사를 봤다면 저 수식을 떠올리면서 순수출이 줄어들었으니 GDP가 줄어들었고 그러니 경제 상황도 좋지 않겠구나 하고 해석할 수 있게 된다. 또 소비 침체로 경기가 좋지 않다는 뉴스를 보면, 소비가 줄면 기업도 투자를 하지 않을 테니 그러면 내수 경기가 침체되니 GDP도 증가하지 않겠구나 하고 알아차릴 수 있다.

예전에 여행장려 기간이라며 휴가 내고 여행가라는 광고가 TV에 한참 나왔던 적이 있다. 징검다리 휴일이라고 임시공휴일을 시정해서 자꾸 회사 가지 말고 쉬라고 했다. 도대체 왜! 왜 우리한테 일하지 말고 쉬라고 했던 걸까? 이제는 눈치채셨으리라. 그렇다. 회사 가지 말고 쉬면서 돈 쓰라는 이야기다. GDP를 100으로 놓고 봤을 때 소비가 차지하는 비율이 60 정도다. 그러니 소비를 진작시켜야 GDP가 증가할 것 아니겠는가.

이렇게 GDP를 설명하는 수식만 머릿속에 넣고 있으면 경제 뉴스를 보면서 경기를 체크할 수 있다. 이제부터 경제 뉴스를 볼 때 GDP를 알고 보는 것과 모르고 보는 것이 얼마나 차이 나는지 몸소 경험하시게 될 것이다. 얘기 나온 김에 같이 경제 뉴스를 한번 보자.

우와! 이제 제목만 봐도 대충 감이 오지 않는가? "1분기 성장률"이라고 표현하기도 하고 "1분기 실질 GDP"라고도 표현하고 있

〈경제 뉴스 검색 결과〉

뉴스 1-10 / 24,867건

뉴스검색 가이드

✓ 관련도순 ✓ 최신순 ✓ 오래된순

검색결과 자동고침 시작 ▶

'고공행진' 건설투자, 내년부터 주춤해진다 이코노믹리뷰 │ 4일 전 │ ☑

같은 기간 △민간소비 2% △건설투자 3.9% △설비투자 1.5% 등의 성장률을 보였다. 특히 지난해 건설투자(10.7%)는 민간소비(2.8%)와 설비투자(-2.3%) 대비 큰 폭의 성장률을 기록했다. 건설투자 경기가 둔화될수록...

1분기 실질GDP 3분기만 최고, 반도체 등 수출호조에 설비·건설투자 증가(상보... 이투데이 │ 2017.04.27. │ ☑

앞선 한은 관계자는 "순수출의 성장기여도가 마이너스를 기록했지만 설비투자 증가에 따라 수출보다 수입이 더 크게 늘어난 것이라 나쁘지 않다"며 "설비투자와 건설투자 등이 개선되면서 민간부문의...

└ 1분기 국내 경제성장률 0.9%…"설비투자… EBN │ 2017.04.27.

1분기 성장률 0.9%, 3분기래 최고…수출·설비투자 호조(종합) 연합뉴스 │ 2017.04.27. │ 네이버뉴스 │ ☑

글로벌 경기 회복으로 수출이 지속적인 회복세를 이어간 데다 건설투자와 설비투자도 증가하면서 3분기 만에 가장 높은 성장률을 기록했다. 1분기 성장률이 금융시장의 예상치를 넘어서는 '깜짝 호조'를...

└ 수출·건설·설비투자, 경기성장세 이끌었다 경기신문 │ 2017.04.27.
└ 1분기 '깜짝' 성장률 0.9%...반도체 수출, 설… 뉴스핌 │ 2017.04.27.
└ 올 1분기 GDP 0.9↑…수출·설비투자가 견인 파이낸셜뉴스 │ 2017.04.27. │ 네이버뉴스
└ 1분기 경제성장률 0.9%…'반도체 호황' 수… 서울파이낸스 │ 2017.04.27.
관련뉴스 10건 전체보기 >

경제회복 불씨, 투자확대로 뒷받침해야 대구신문 │ 7일 전 │ ☑

이는 글로벌 경기 회복으로 수출이 증가세로 반전했고 설비투자와 건설투자도 늘어난 데 힘입은 성과다. 수출은 반도체와 디스플레이, 석유화학 등을 중심으로 작년 4분기 0.1% 감소에서 1분기 1.9% 증가로 돌아섰다....

건설투자가 1분기 국내경제성장 상승 주도 대한전문건설신문 │ 2017.04.28. │ ☑

한은은 1분기 GDP 증가의 주요인으로 건설투자·설비투자의 선방을 꼽았다. 건설투자 규모는 62조2081억원으로 건축물 건설이 늘어나면서 직전분기 마이너스 성장(-1.2%)에서 5.3%로 플러스 전환했다. 전년동기에...

1분기 성장률 0.9%…수출·건설투자가 성장 불씨 살렸다 뉴스1 │ 2017.04.27. │ 네이버뉴스 │ ☑

최용훈 한은 지출국민소득팀 과장은 "건설투자와 설비투자 등 내수가 좋았고, 수출이 늘면서 한국 경제에도 긍정적 신호가 나타났다"면서도 "추이를 더 지켜봐야 한다"고 했다. 경제활동별로는 제조업과 건설업의...

└ 한은, 1분기 실질 GDP 증가율 0.9%... 반도… 전자신문 │ 2017.04.27. │ 네이버뉴스
└ 1분기 경제성장률 0.9% … 수출·투자 증가 아주경제 │ 2017.04.27.
└ 1분기 경제성장률 0.9%…건설투자 회복… 뉴스핌 │ 2017.04.27.
관련뉴스 4건 전체보기 >

네? 어찌되었건 GDP 증가율, 그러니까 경제 성장률이 2017년
1분기에 좋아졌다는 소리구나. 수출과 투자가 늘어났기 때문이군!

좀 더 자세한 내용은 기사를 클릭해서 읽어보면 된다. GDP를
이해하면 이렇게 뉴스를 읽을 때 알아들을 수 있는 내용이 점점
늘어난다. 그러니 '경제 = GDP = 소비 + 투자 + 정부 지출 + 순수
출'이라는 틀을 가지고 뉴스 읽는 연습을 자꾸 해보고, 경기를 판
단하고 예측하는 습관도 길러보자.

GDP 승가율은 매년 그리고 매 분기마다 발표되는데, OECD
와 IMF 홈페이지, 한국은행, 기획재정부, KDI나 각종 민간 경제
연구원 홈페이지에서 볼 수 있다.

OECD 홈페이지에 발표되는 GDP는 아무래도 OECD 회원국
중심으로 발표되고, 기획재정부나 KDI의 경우 GDP 증가율 전
망치를 좀 낙관적으로 발표하는 경향이 있어서 언니는 IMF 홈페
이지(www.imf.org)의 WEO^{World Economic Outlook}(세계경제전망)에 소개
되는 데이터를 주로 본다. WEO는 IMF 홈페이지 메인 화면에서
'PUBLICATIONS' 메뉴 버튼을 클릭하면 있으니 여기서 세계 각
국의 GDP와 우리나라의 GDP를 살펴보면 된다.

영어 울렁증이 있어서 나는 뭐가 뭔지 모르겠다 하는 분들도 계
실 것이고 발표가 날 때마다 홈페이지에 방문해서 찾아보는 것이
귀찮다는 분들도 계실 텐데, GDP가 발표되면 각 포털 사이트 뉴

〈IMF 홈페이지〉

HOME   ABOUT THE IMF   RESEARCH   COUNTRIES   CAPACITY DEVELOPMENT   NEWS   VIDEOS   DATA   **PUBLICATIONS**

WORLD ECONOMIC OUTLOOK

русский 中文 español العربية 日本語 français

TAKE OUR SURVEY ▶

World Economic Outlook

A Survey by the IMF staff usually published twice a year. It presents IMF staff economists' analyses of global economic developments during the near and medium term. Chapters give an overview as well as more detailed analysis of the world economy; consider issues affecting industrial countries, developing countries, and economies in transition to market; and address topics of pressing current interest. Annexes, boxes, charts, and an extensive statistical appendix augment the text.

See also, the World Economic Databases

May 4, 2017

Page: 1 of 7   1   2   3   4   5   6   7   ▶

2017

World Economic Outlook, April 2017: Gaining Momentum?

April 18, 2017

Description: Global economic activity is picking up with a long-awaited cyclical recovery in investment, manufacturing, and trade, according to Chapter 1 of this *World Economic Outlook*. World growth is expected to rise from 3.1 percent in 2016 to 3.5 percent in 2017 and 3.6 percent in 2018. Stronger activity, expectations of more robust global demand, reduced deflationary pressures, and optimistic financial markets are all upside developments. But structural impediments to a stronger recovery and a balance of risks that remains tilted to the downside, especially over the medium term, remain important challenges.

IMF World Economic Outlook (WEO) Update, January 2017: A Shifting Global Economic Landscape

January 16, 2017

Description: After a lackluster outturn in 2016, economic activity is projected to pick up pace in 2017 and 2018, especially in emerging market and developing economies. However, there is a wide dispersion of possible outcomes around the projections, given uncertainty surrounding the policy stance of the incoming U.S. administration and its global ramifications. The assumptions underpinning the forecast should be more specific by the time of the April 2017 World Economic Outlook, as more clarity emerges on U.S. policies and their implications for the global economy.

What does it mean?

Emerging Market ▸

Investment ▸

Articles of Agreement ▸

Arrangement ▸

Subject

The IMF Regional Technical Assistance and Training Centers -- A Factsheet ▸

IMF Surveillance -- A Factsheet ▸

The IMF And Civil Society Organizations - - A Factsheet ▸

Conditionality ▸

Publications

World Economic Outlook
WEO DATA FORUM DATABASE

Global Financial Stability Report

Fiscal Monitor

스 경제면에 기사로 뜨기 때문에 경제 뉴스만 잘 챙겨 봐도 GDP 증가율을 알 수 있다. 꼭 IMF 홈페이지 같은 곳에 방문해야만 알 수 있는 것은 아니니 걱정 마시라.

올해보다 내년 GDP 증가율 수치가 더 높을 것으로 추정된다면 올해 투자를 하면 될까 안 될까? 반대로 내년 GDP 증가율이 올해보다 하락할 것으로 발표되었다면, 투자를 하면 될까 안 될까? 이렇게 GDP 증가율은 경기를 예측하고 지금 투자해도 될지 판단할 수 있는 중요한 기준이 된다. 그러니 GDP 증가율 관련 기사는 항상 챙겨 봐야 한다.

15

(2015년 한국은
왜 경기가 나빴을까?)

/ 내수는 침체되고 수출은 감소하고 /

투자 타이밍을 잘 잡으려면 GDP 증가율을 봐야 한다는 건 알았는데, 그렇다면 GDP 증가율이 얼마면 경기가 좋은 것이고 얼마면 경기가 안 좋은 것인지 어떻게 알 수 있을까? 7퍼센트면 좋은 거고 3퍼센트면 나쁜 건가? 이게 뭔가 애매모호하고 감이 안 잡히는 분들을 위해 정리해드리겠다.

GDP가 2.5퍼센트 이하면 '저성장'이라고 하고 4퍼센트 이상이면 '고성장'이라고 한다. 그럼 그 사이는? 그 사이는 '중성장'이라고 할 수 있겠다. '중성장'이란 성장을 하긴 하는데 속도가 더뎌

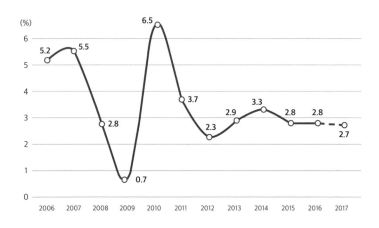

〈2006~2017년 경기 변동 사이클〉

자료: 한국은행, IMF
주: 2017년 경제 성장률은 IMF(2017.4.) 전망치임

서 우리가 성장하고 있다는 것을 잘 체감하지 못하는 정도라고 보면 된다. 그렇다면 GDP가 마이너스인 경우도 있을까? 당연히 있다. 그때가 바로 금융 위기라고 생각하시면 된다.

매년 발표되는 GDP 증가율을 점으로 찍어서 선으로 연결해보면 그것이 바로 경기 변동 사이클이 된다. 즉 우리가 매년 GDP를 체크하기만 하면 경기 흐름을 스스로 그려볼 수 있다는 뜻이다. 위의 그래프를 보자.

2008년에는 글로벌 금융 위기가 있었다. 이 위기 이후 2009년 전 세계의 GDP 성장률은 대부분 마이너스였다. 한국은 0.7퍼센트로 그나마 선방했다. 그러다 2010년에는 기저효과로 6.5퍼센트의 성장률을 보였다. 그러나 2011년에는 3.7퍼센트로 하락했고 2012년에는 2.3퍼센트까지 떨어졌다가 2013년에 2.9퍼센트로 회복하기 시작해서 2014년에는 3.3퍼센트를 기록했다.

2014년은 『부자언니 부자특강』을 집필하던 때였다. 당시 2015년의 GDP 증가율은 3.6~3.9퍼센트로 전망됐기 때문에 언니는 지금은 성장기의 초입에 들어섰다고 책에 표현했었다. 하지만 실제로 2015년 GDP 증가율은 2.8퍼센트까지 고꾸라졌다. 왜 경기가 좋지 않았을까? GDP를 구성하는 항목들을 찬찬히 살펴보면 답이 나온다.

먼저 GDP를 구성하는 첫 번째 요소, 민간의 소비부터 살펴보자. 2015년의 민간 소비는 어땠을까? 아시다시피 2015년에는 우리가 기억하는 최악의 전염병이 돌았다. 전염병이 최악이었는지 대처가 최악이었는지 헷갈리지만, 뭐 어쨌건 메르스 때문에 온 국민이 집 밖으로 나가지 않았고 소비는 극심하게 침체됐다. 마트에도 손님이 없고 사람들이 많이 모이는 영화관도 텅텅 비었다. 외국인 관광객들도 메르스 때문에 한국 가기 무섭다며 여행을 취소하는 일이 많아 공항도 한산했다. 이때 매출이 증가한 업종은 딱 하나, 온라인 쇼핑이나 홈쇼핑뿐이었다.

두 번째, 기업의 투자는 어땠을까? 기업이 투자를 할 때는 성장이 기대될 때다. 매출이 증대되고 기업 이윤이 늘어나리라는 기대가 있어야 투자를 한다는 뜻이다. 이런 맥락에서 보면 우리가 소비하지 않는데 기업이 설비를 늘리는 등의 투자를 할 이유가 당연히 없지 않겠는가? 사람들이 소비를 안 하고 기업도 투자를 안 하니 내수 경기는 결국 완전히 가라앉았다. 앞에서 내수는 민간 소비와 기업 투자를 합친 것이라고 설명드렸다. 설마 그새 잊어버리신 건 아니겠지? 어디서 많이 들어보긴 했지만 내수가 무엇인지 정확히 모르셨다면 이번에 확실히 알고 가자.

그러다 메르스의 여파가 가시고 이제 다시 내수가 살아나는가 했더니 온 국민이 빚내서 집을 샀다. 그러니 대출 이자 갚느라 소비할 여력이 사라졌다. 심지어 실업률도 높았다. 취업이 안 되니 당연히 돈을 못 벌고 못 쓴다. 게다가 최저임금도 인상되지 않았다. 이러다 보니 근로자들은 쓸 돈이 더 없어지고 소비는 얼어붙을 수밖에 없었다. 소비가 줄어드니 기업들도 투자를 안 하고 그러다 내수 경기가 침체되었던 것이다.

정부 지출은 전체 GDP에서 차지하는 비중이 5퍼센트 정도밖에 안 되니 패스하고, 이제 순수출을 보자. 2015년에 우리나라의 수출은 어땠을까?

우리나라의 수출을 100으로 놓고 본다면 한국은 중국에만 25 정도를 수출한다. 미국에 엄청 많이 수출하는 것 같지만 미국 수

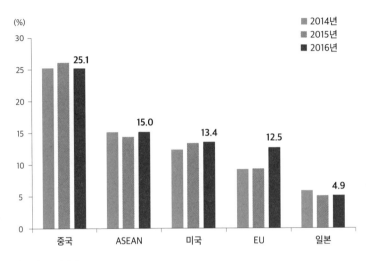

〈주요국별 한국의 수출 비중 추이〉

(%)

■ 2014년
■ 2015년
■ 2016년

중국 **25.1**

ASEAN **15.0**

미국 **13.4**

EU **12.5**

일본 **4.9**

자료: 한국무역협회

출은 13 정도다. 유럽이 12 남짓, 아세안^ASEAN^(동남아시아국가연합)에는 15 정도를 수출한다.

중국 한 나라에 대한 수출 의존도가 이렇게나 높다. 이런 중국의 경제 성장세가 둔화되기 시작했다. 14.2퍼센트에서 10.6퍼센트, 7.3퍼센트로 뚝뚝 떨어지더니 2015년에는 6.9퍼센트까지 성장률이 둔화됐다. 중국은 수출 주도형 경제 모델을 가진 나라다. 결국 중국의 경제 성장률이 하락했다는 것은 수출도 감소됐다는 의미다.

보통 우리는 중국에 중간재를 수출한다. 중간재는 어떤 제품을 만들 때 들어가는 재료나 부품을 뜻한다. 우리가 중간재를 수출하면 중국은 그것으로 완제품을 만들어서 다른 나라로 수출한다. 그러니 중국이 수출 감소세에 있을 때 우리나라에서 중간재를 수입해갈까? 당연히 안 하겠지? 이렇게 중국으로의 수출이 감소할 수밖에 없었다.

게다가 일본은 '저성장 탈피'를 외치며 미친 듯이 엔화를 풀어서 경기를 부양하겠다고 했다. 이것이 일본 총리 아베 신조의 경제 정책인 아베노믹스다. 엔화를 푸는 것은 엔화의 가치를 떨어뜨리기 위한 것이다. 그렇게 하면 세계 각국은 질 좋은 일본 제품을 예전보다 싸게 살 수 있고, 일본 입장에서는 수출이 늘어난다.

일본은 우리나라와 수출 경합도가 높다. 수출 경합도가 뭐냐고? 전자 제품, 자동차, 조선, 철강 등 일본과 우리는 수출에서 겹치는 항목이 많은데 이를 수출 경합도가 높다고 말한다. 그러니 수출 경쟁력에서 우리는 일본에 밀릴 수밖에 없었다. 이 점도 우리나라의 수출에 마이너스 요인이 됐다. 아베노믹스는 우리 수출에 태클을 건 중요한 요인 가운데 하나였다.

이리 보고 저리 봐도 2015년 한국의 GDP는 부동산 덕분에 건설 투자가 증가했던 것 외에 도저히 성장할 만한 요인이 없었다. 그러니 경기가 안 좋았을 수밖에.

/ 경기가 좋든 나쁘든 대응이 중요하다 /

그렇다면 2016년은 어땠을까? 2016년의 GDP 증가율 확정치는 아직 발표되지 않았으나 2.6~2.8퍼센트 정도로 예상된다. 또 IMF는 2017년 GDP 증가율 전망치를 3.0퍼센트로 예측했으나 2.6퍼센트로 하향 조정했다. 하지만 2016년 4분기 수출이 호조를 띠면서 다시 2.7퍼센트로 0.1퍼센트 포인트 상향 조정되었다.

이렇게 2퍼센트대의 성장률을 보이며 지지부진하다가, 글로벌 경기가 회복세에 들어선 것처럼 우리 경제도 다시 좋아질 수 있다는 것이 '시나리오 A'다. 반대로 지지부진하다가 글로벌 경제 위기를 맞을 것이라는 게 '시나리오 B'다.

글로벌 경기는 2016년을 저점으로 다시 반등하고 있다. 한국은 아마도 2017년 1분기가 가장 저점일 가능성이 높다. IMF에서 발표한 세계 주요국들의 GDP 증가율을 살펴보면 대부분의 나라가 2016년을 저점으로 반등함을 알 수 있다.

하지만 한국이 시나리오 A로 갈지 B로 갈지는 사실 아무도 모른다. 너무나도 많은 변수가 존재하기 때문이다. 이 수많은 변수들은 우리나라에만 국한된 문제가 아니다. 세계 각국이 다양한 변수를 가지고 있고, 그것들이 어떤 결과를 가져올지 예상하는 것은 너무도 어려운 일이다. 북한에 계신 김뚱뚱이 님이 무슨 생각을

〈세계 주요국들의 GDP 증가율〉

Table 1.1. Overview of the *World Economic Outlook* Projections
(Percent change, unless noted otherwise)

	2016	Projections		Difference from January 2017 WEO Update[1]		Difference from October 2016 WEO[1]	
		2017	2018	2017	2018	2017	2018
World Output	3.1	3.5	3.6	0.1	0.0	0.1	0.0
Advanced Economies	1.7	2.0	2.0	0.1	0.0	0.2	0.2
United States	1.6	2.3	2.5	0.0	0.0	0.1	0.4
Euro Area	1.7	1.7	1.6	0.1	0.0	0.2	0.0
Germany	1.8	1.6	1.5	0.1	0.0	0.2	0.1
France	1.2	1.4	1.6	0.1	0.0	0.1	0.0
Italy	0.9	0.8	0.8	0.1	0.0	−0.1	−0.3
Spain	3.2	2.6	2.1	0.3	0.0	0.4	0.2
Japan[2]	1.0	1.2	0.6	0.4	0.1	0.6	0.1
United Kingdom	1.8	2.0	1.5	0.5	0.1	0.9	−0.2
Canada	1.4	1.9	2.0	0.0	0.0	0.0	0.1
Other Advanced Economies[3]	2.2	2.3	2.4	0.1	0.0	0.0	0.0
Emerging Market and Developing Economies	4.1	4.5	4.8	0.0	0.0	−0.1	0.0
Commonwealth of Independent States	0.3	1.7	2.1	0.2	0.3	0.3	0.4
Russia	−0.2	1.4	1.4	0.3	0.2	0.3	0.2
Excluding Russia	1.8	2.5	3.5	0.0	0.2	0.2	0.6
Emerging and Developing Asia	6.4	6.4	6.4	0.0	0.1	−0.1	0.1
China	6.7	6.6	6.2	0.1	0.2	0.4	0.2
India[4]	6.8	7.2	7.7	0.0	0.0	−0.4	0.0
ASEAN-5[5]	4.9	5.0	5.2	0.1	0.0	−0.1	0.0
Emerging and Developing Europe	3.0	3.0	3.3	−0.1	0.1	−0.1	0.1
Latin America and the Caribbean	−1.0	1.1	2.0	−0.1	−0.1	−0.5	−0.2
Brazil	−3.6	0.2	1.7	0.0	0.2	−0.3	0.2
Mexico	2.3	1.7	2.0	0.0	0.0	−0.6	−0.6
Middle East, North Africa, Afghanistan, and Pakistan	3.9	2.6	3.4	−0.5	−0.1	−0.8	−0.2
Saudi Arabia	1.4	0.4	1.3	0.0	−1.0	−1.6	−1.3
Sub-Saharan Africa	1.4	2.6	3.5	−0.2	−0.2	−0.3	−0.1
Nigeria	−1.5	0.8	1.9	0.0	−0.4	0.2	0.3
South Africa	0.3	0.8	1.6	0.0	0.0	0.0	0.0
Memorandum							
European Union	2.0	2.0	1.8	0.2	0.0	0.3	0.0
Low-Income Developing Countries	3.6	4.7	5.3	0.0	−0.1	−0.2	0.1
Middle East and North Africa	3.8	2.3	3.2	−0.6	−0.1	−0.9	−0.2
World Growth Based on Market Exchange Rates	2.4	2.9	3.0	0.1	0.0	0.1	0.1
World Trade Volume (goods and services)	2.2	3.8	3.9	0.0	−0.2	0.0	−0.3
Imports							
Advanced Economies	2.4	4.0	4.0	0.2	−0.2	0.1	−0.2
Emerging Market and Developing Economies	1.9	4.5	4.3	0.3	−0.4	0.4	−0.2
Exports							
Advanced Economies	2.1	3.5	3.2	0.1	−0.2	0.0	−0.8
Emerging Market and Developing Economies	2.5	3.6	4.3	−0.1	−0.3	0.0	0.1
Commodity Prices (U.S. dollars)							
Oil[6]	−15.7	28.9	−0.3	9.0	−3.9	11.0	−5.1
Nonfuel (average based on world commodity export weights)	−1.9	8.5	−1.3	6.4	−0.4	7.6	−0.6
Consumer Prices							
Advanced Economies	0.8	2.0	1.9	0.3	0.0	0.3	0.0
Emerging Market and Developing Economies[7]	4.4	4.7	4.4	0.2	0.0	0.3	0.2
London Interbank Offered Rate (percent)							
On U.S. Dollar Deposits (six month)	1.1	1.7	2.8	0.0	0.0	0.4	0.7
On Euro Deposits (three month)	−0.3	−0.3	−0.2	0.0	0.0	0.1	0.2
On Japanese Yen Deposits (six month)	0.0	0.0	0.0	0.0	0.0	0.1	0.1

Table A2. Advanced Economies: Real GDP and Total Domestic Demand[1]

(Annual percent change)

	Average 1999–2008	2009	2010	2011	2012	2013	2014	2015	2016	Projections 2017	Projections 2018	Projections 2022	Fourth Quarter[2] 2016:Q4	Fourth Quarter[2] Projections 2017:Q4	Fourth Quarter[2] Projections 2018:Q4
Real GDP															
Advanced Economies	**2.5**	**–3.4**	**3.1**	**1.7**	**1.2**	**1.3**	**2.0**	**2.1**	**1.7**	**2.0**	**2.0**	**1.7**	**2.0**	**2.0**	**2.0**
United States	2.6	–2.8	2.5	1.6	2.2	1.7	2.4	2.6	1.6	2.3	2.5	1.7	2.0	2.3	2.5
Euro Area	2.1	–4.5	2.1	1.5	–0.9	–0.3	1.2	2.0	1.7	1.7	1.6	1.5	1.7	1.7	1.5
Germany	1.6	–5.6	4.0	3.7	0.7	0.6	1.6	1.5	1.8	1.6	1.5	1.2	1.8	1.7	1.5
France	2.0	–2.9	2.0	2.1	0.2	0.6	0.6	1.3	1.2	1.4	1.6	1.9	1.2	1.9	1.4
Italy	1.2	–5.5	1.7	0.6	–2.8	–1.7	0.1	0.8	0.9	0.8	0.8	0.8	1.0	0.8	0.8
Spain	3.6	–3.6	0.0	–1.0	–2.9	–1.7	1.4	3.2	3.2	2.6	2.1	1.6	3.0	2.3	2.1
Netherlands	2.5	–3.8	1.4	1.7	–1.1	–0.2	1.4	2.0	2.1	2.1	1.8	1.6	2.7	2.0	1.7
Belgium	2.3	–2.3	2.7	1.8	0.1	–0.1	1.7	1.5	1.2	1.6	1.5	1.5	1.2	1.7	1.4
Austria	2.4	–3.8	1.9	2.8	0.7	0.1	0.6	1.0	1.5	1.4	1.3	1.1	1.8	1.1	1.4
Greece	3.5	–4.3	–5.5	–9.1	–7.3	–3.2	0.4	–0.2	0.0	2.2	2.7	1.0	–0.8	4.2	2.0
Portugal	1.6	–3.0	1.9	–1.8	–4.0	–1.1	0.9	1.6	1.4	1.7	1.5	1.0	2.0	1.1	1.7
Ireland	5.3	–4.6	2.0	–0.1	–1.1	1.1	8.4	26.3	5.2	3.5	3.2	2.8	6.6	5.2	3.2
Finland	3.3	–8.3	3.0	2.6	–1.4	–0.8	–0.6	0.3	1.4	1.3	1.4	1.5	1.2	1.5	1.6
Slovak Republic	5.1	–5.4	5.0	2.8	1.7	1.5	2.6	3.8	3.3	3.3	3.7	3.4	2.9	3.3	3.7
Lithuania	6.1	–14.8	1.6	6.0	3.8	3.5	3.5	1.8	2.3	2.8	3.1	3.0	3.4	1.8	3.7
Slovenia	4.3	–7.8	1.2	0.6	–2.7	–1.1	3.1	2.3	2.5	2.5	2.0	1.8	3.6	1.4	2.3
Luxembourg	4.4	–5.4	5.8	2.0	0.0	4.2	4.7	3.5	4.0	3.7	3.5	3.0	2.9	2.9	4.3
Latvia	6.6	–14.3	–3.8	6.4	4.0	2.6	2.1	2.7	2.0	3.0	3.3	4.0	2.2	2.9	3.2
Estonia	5.6	–14.7	2.5	7.6	4.3	1.4	2.8	1.4	1.6	2.5	2.8	3.0	2.8	2.4	3.0
Cyprus	4.1	–1.8	1.3	0.3	–3.2	–6.0	–1.5	1.7	2.8	2.5	2.3	2.1	2.9	2.2	2.3
Malta	2.2	–2.4	3.5	1.4	2.8	4.3	8.3	7.4	5.0	4.1	3.5	3.0	5.1	4.0	3.5
Japan	1.0	–5.4	4.2	–0.1	1.5	2.0	0.3	1.2	1.0	1.2	0.6	0.6	1.6	1.0	0.6
United Kingdom	2.5	–4.3	1.9	1.5	1.3	1.9	3.1	2.2	1.8	2.0	1.5	1.9	1.9	1.7	1.5
Korea	5.7	0.7	6.5	3.7	2.3	2.9	3.3	2.8	2.8	2.7	2.8	3.1	2.4	3.6	2.3
Canada	2.9	–2.9	3.1	3.1	1.7	2.5	2.6	0.9	1.4	1.9	2.0	1.8	1.9	1.7	2.0
Australia	3.4	1.7	2.3	2.7	3.6	2.1	2.8	2.4	2.5	3.1	3.0	2.7	2.4	3.4	3.0
Taiwan Province of China	4.6	–1.6	10.6	3.8	2.1	2.2	4.0	0.7	1.4	1.7	1.9	2.5	2.4	0.8	3.2
Switzerland	2.3	–2.1	2.8	1.9	1.1	1.8	2.0	0.8	1.3	1.4	1.6	1.7	1.0	1.9	1.4
Sweden	3.0	–5.2	6.0	2.7	–0.3	1.2	2.6	4.1	3.3	2.7	2.4	1.7	2.3	2.7	2.0
Singapore	5.9	–0.6	15.2	6.2	3.9	5.0	3.6	1.9	2.0	2.2	2.6	2.6	2.9	0.5	3.2
Hong Kong SAR	4.7	–2.5	6.8	4.8	1.7	3.1	2.8	2.4	1.9	2.4	2.5	3.2	3.1	1.0	3.6
Norway	2.2	–1.6	0.6	1.0	2.7	1.0	1.9	1.6	1.0	1.2	1.9	2.2	1.9	1.1	2.4
Czech Republic	4.0	–4.8	2.3	2.0	–0.8	–0.5	2.7	4.5	2.4	2.8	2.2	2.3	1.9	3.3	1.7
Israel	3.7	1.4	5.7	5.1	2.4	4.4	3.2	2.5	4.0	2.9	3.0	3.0	4.8	1.6	3.7
Denmark	1.8	–4.9	1.9	1.3	0.2	0.9	1.7	1.6	1.1	1.5	1.7	1.8	1.9	1.9	1.5
New Zealand	3.4	0.4	2.0	1.9	2.5	2.1	2.8	3.1	4.0	3.1	2.9	2.5	3.5	3.6	2.2
Puerto Rico	1.7	–2.0	–0.4	–0.4	0.0	–0.3	–1.4	0.0	–1.8	–3.0	–2.5	–0.6	...	...	...
Macao SAR	...	1.3	25.3	21.7	9.2	11.2	–1.2	–21.5	–4.0	2.8	1.7	3.8	...	...	...
Iceland	4.6	–6.9	–3.6	2.0	1.2	4.4	1.9	4.1	7.2	5.7	3.6	2.6	10.5	6.4	2.5
San Marino	...	–12.8	–4.6	–9.5	–7.5	–3.0	–0.9	0.5	1.0	1.2	1.3	1.3	...	...	...
Memorandum															
Major Advanced Economies	2.1	–3.8	2.8	1.6	1.4	1.4	1.8	2.0	1.5	1.9	1.9	1.5	1.8	1.9	1.8
Real Total Domestic Demand															
Advanced Economies	**2.4**	**–3.7**	**3.0**	**1.4**	**0.8**	**1.0**	**1.9**	**2.3**	**1.7**	**2.2**	**2.2**	**1.7**	**2.1**	**2.1**	**2.1**
United States	2.7	–3.8	2.9	1.6	2.1	1.3	2.4	3.2	1.7	2.8	3.0	1.7	2.1	2.7	3.0
Euro Area	2.0	–4.0	1.5	0.7	–2.4	–0.6	1.2	1.9	2.0	1.7	1.6	1.5	1.6	1.7	1.5
Germany	0.9	–3.2	2.9	3.0	–0.8	1.0	1.5	1.5	2.2	1.5	1.6	1.5	2.0	1.2	1.6
France	2.4	–2.5	2.1	2.0	–0.3	0.7	1.1	1.5	2.0	1.7	1.6	1.8	1.5	1.9	1.5
Italy	1.4	–4.1	2.0	–0.6	–5.6	–2.6	0.2	1.3	1.0	1.0	0.8	0.7	1.6	0.8	0.7
Spain	4.2	–6.0	–0.5	–3.1	–5.1	–3.2	1.9	3.4	2.9	2.3	2.0	1.5	2.3	2.3	1.9
Japan	0.6	–4.0	2.4	0.7	2.3	2.4	0.4	0.7	0.5	0.9	0.7	0.6	0.7	1.1	0.7
United Kingdom	2.8	–4.9	2.5	–0.6	2.2	2.1	3.4	1.9	1.5	1.5	1.1	1.9	1.6	1.9	1.1
Canada	3.5	–3.0	5.1	3.4	2.0	2.1	1.5	0.0	0.7	1.9	1.7	1.7	1.4	2.4	1.4
Other Advanced Economies[3]	3.7	–2.6	6.1	3.1	2.0	1.5	2.5	2.5	1.8	2.6	2.7	2.8	2.0	2.7	2.8
Memorandum															
Major Advanced Economies	2.1	–3.7	2.8	1.4	1.1	1.3	1.8	2.2	1.5	2.1	2.1	1.5	1.8	2.1	2.1

출처: IMF

하고 계신지, 트럼프 대통령이 앞으로 어떤 일을 벌일지, 프랑스는 EU의 통합을 중요하게 생각하는 마크롱이 대통령에 당선되었지만 유럽의 다른 나라 선거에서는 누가 권력을 쥐어 EU를 탈퇴하겠다고 할지 말지 어찌 알겠는가. 시나리오 A로 움직일지 B로 움직일지를 맞추는 일은 그래서 어렵다.

하지만 잘 생각해보면 중요한 것은 A냐 B냐를 맞추는 것이 아니다. 핵심은 A로 가든 B로 가든, 어떤 경우에도 대응을 잘하는 것이다.

통상 경기가 좋아질 거라고 예측될 때는 주식, 주식형 펀드 등 주식형 금융 상품이나 농산물, 원유, 원자재 같은 실물에 투자하면 된다. 반대로 경기 침체가 예측된다면 채권이나 금, 달러 같은 안전 자산에 투자하면 된다. 계속되는 경기 침체에 정부가 경기 부양책을 쓰기 시작한다면 부동산 투자를 고려할 만하다. 부동산은 경기가 좋아질 것으로 예측될 때도 투자 가능하지만, 경기 부양책을 쓰는 시기에 투자하는 것이 더 큰 수익을 낼 수 있다(물론 개별 물건마다 특성이 달라 차이가 있다).

이렇게 경기의 흐름을 계속해서 예민하게 체크하며 투자 대상을 바꾸고 현금 비중도 조절해나가며 경기 변동에 대응해야 한다.

부자 미션

세계 주요국들의 GDP 증가율을 1997년부터 지금까지 한번 찾아보자. 그리고 매년 GDP 증가율 수치에 점을 찍어 그래프로 연결해보자. 엑셀로 그려봐도 좋고 그냥 손으로 대충 그려봐도 좋다. 특히 우리나라의 경우는 어떤지 꼭 그려보자. 경제 성장률 그래프를 그리면서 지금이 투자하기에 적합한 타이밍인지 아닌지 생각하는 연습을 자꾸 해보자.

우리는 자꾸 숏텀 뷰^{Shortterm View}로만 투자를 보려고 한다. 어떤 주식을 사고 어떤 아파트에 투자하는지가 중요한 게 아니다. 지금 투자를 해도 괜찮은지를 먼저 생각하고 그다음에 그 상황에 맞는 투자 대상을 선택하는 게 순서라는 점을 잊어서는 안 된다. 투자할 때는 다음과 같은 의사 결정 순서를 항상 지키자.

롱텀 뷰^{Longterm View}를 통한 투자 타이밍 판단
→ 그 타이밍에 적합한 투자 대상 선택
→ 선택한 투자 대상 가격이 얼마일 때 사고 얼마일 때 팔 것인가 하는
   세부적인 투자 타이밍 결정

16

(미국의 기준금리 정책이
중요한 이유)

/ **투자 타이밍, 이제는 글로벌하게 신경 써야 할 때** /

우리나라에서만 투자하는 것도 벅차 죽겠는데 무슨 투자 타이밍을 글로벌하게 신경 써서 잡으라는 거냐고 생각하실 수도 있겠다. 하지만 이제 세계 경제는 서로 얽히고설켜 있어 한 나라의 경제 상황만 보고 투자를 결정할 수는 없다. 저 천리만리 떨어져 있는 영국이 EU^European Union(유럽연합)에서 탈퇴한다고 했을 때 우리나라 증시는 그날 하루에만 61.47포인트가 빠지며 1,925.24로 마감, -3.1퍼센트로 급락했다.

영국이 브렉시트를 하겠다고 결정한 것이 우리와 상관이 없다면 왜 그렇게 주가가 폭락했겠는가? 트럼프가 미국 대통령으로 당선되던 날은 또 어땠는지 기억하시는가? 아마 많은 분들이 그날 눈앞에서 주가가 뚝뚝 떨어지는 것을 목격하셨을 것이다. 2016년 11월 9일 코스피는 45.00포인트, -2.25퍼센트의 등락률을 보였다. 다음 날 빠졌던 것만큼 다시 회복하긴 했지만 그 이후 주가는 다시 하락하기 시작해 코스피 지수는 한동안 1,980에서 1,970선 근방을 횡보했다.

　이렇게 생각지도 못했던 블랙 스완$^{Black\ Swan}$들이 뻥뻥 나타나면서 우리나라 증시에도 큰 영향을 끼쳤다. 여기서 잠깐, 블랙 스완이란 결코 일어날 수 없다고 생각한 일이 실제로 일어났음을 가리키는 말이다. 옛날에는 검은 백조가 있을 수 없다고 생각한 데서 유래한 말이라고 한다. 그래서 이제 우리는 우리나라를 둘러싼 여러 나라들의 경제 상황과 주요 이슈들을 살펴보고 그것들이 우리 경제에 어떤 영향을 미칠지도 생각해봐야 한다. 우리나라 경기도 글로벌 경기 흐름과 밀접한 관계가 있으니 말이다.

　자, 그럼 우리를 둘러싸고 있는 주요국들을 한번 살펴보도록 하자. 가장 먼저 봐야 할 나라는 바로 미국이다. 미국의 주요 경제 이슈 가운데 가장 중요한 것이 기준금리 인상 문제다. 미국이 기준금리 인상하는 게 도대체 뭣이 중하다고 자꾸만 뉴스에 나오는지 생각해본 적 있는가? 비둘기색 머리 옐런$^{Janet\ Yellen}$ 언니가 '우리 금리 인상할 거야. 올해는 세 번 올릴 거야'라고 계속 언질을 줬다. 옐런 언니의 말에 '아니 금리 올리려면 올리지 왜 자꾸 올리네 마네 우리한테 이야기하는 건데? 올린다고 했다가 말았다가, 안 올릴 것처럼 하다가 또 올린다고 했다가, 양치기 소녀야?' 하고 생각하셨다면 그 생각 고이 접어 부디 혼자 간직하시라.

기준금리라는 것은 시장에서 형성되는 금리가 아니라 정책적으로 정하는 금리다. 우리나라는 한국은행 통화정책위원회에서 현재 경제 상황을 고려해 적정 금리를 논의한 뒤 매월 둘째 주 목요일에 결정한다. 그래서 둘째 주 목요일만 되면 뉴스에 기준금리가 동결됐다 혹은 인하됐다는 기사들이 나오는 것이다.

그런데 이 기준금리가 뭐 그리 대단하다고 매달 모여서 회의를 하고 뉴스에 나오는 걸까? 기준금리를 인상하는가, 동결하는가, 인하하는가에 따라서 물가나 고용, 경제 성장 등 거시 경제가 영향을 받기 때문이다. 기준금리가 인하되면 돈의 가치가 떨어지고 실물의 가치는 오르게 된다. 그러면 사람들은 대출을 받아서 집을 사거나 차를 산다. 기업들도 자금 조달이 쉬워지니 투자를 늘리게 되고 투자를 늘리면 고용도 증가한다. 일자리가 늘어나니 가계는 소비를 더 늘린다. 이렇게 선순환이 일어남에 따라 기업들의 실적도 좋아지면서 주가도 오른다.

그런데 이렇게 돈의 양이 많아지면 돈의 가치가 떨어져 물건 값이 오르는 인플레이션이 오고, 인플레이션이 오면 사람들은 지갑을 닫기 시작한다. 민간 소비가 줄어들면 기업의 실적이 나빠져 경비 절감을 위해 인건비를 줄일 것이고, 그렇게 되면 우리는 일자리를 잃거나 급여가 동결되는 일을 겪게 될 것이다.

그래서 언니의 부자 멘토 재벌토끼 님은 금리를 성경처럼 믿으라고 하셨다. 기준금리는 한 나라의 경제에 이토록 어마어마한 영향을 주기 때문에 우리는 금리 정책이 발표될 때마다 당연히 눈여겨보고 경기에 어떤 영향을 끼칠지 생각한 뒤 대응해야 한다.

하지만 우리나라의 기준금리가 어떻게 될지 다른 나라들은 크게 신경 쓰지 않는다. 그러나 미국이라면 이야기가 다르다. 미국의 달러는 전 세계의 대장 돈, 즉 기축통화이기 때문이다.

우리나라 돈의 가치만 달라져도 파장이 엄청난데 기축통화의 가치가 달라진다면 그 파장이 가히 태풍급 아니겠는가? 그러니 미국의 기준금리 인상 여부에 촉각을 곤두세워야 하는 것은 당연한 일이다. 왜 자꾸 뉴스에 나오냐고 할 일이 아니라는 말씀이다.

우리나라의 중앙은행은 한국은행이다. 미국의 중앙은행 역할을 하는 곳은 FRB^{Federal Reserve Board of Governors}, 즉 연방준비제도이사회다. 우리나라가 통화정책위원회에서 기준금리를 결정하듯 미국은 FOMC 회의에서 기준금리를 결정한다.

FOMC? 뭐라고 읽는 거지? 폼크? 폼클렌징의 약자인가? 그냥 편하게 '에프오엠씨'라고 읽으시면 되는데 FOMC는 'Federal Open Market Committee(연방공개시장위원회)'의 약자다. 이들은 1년에 8~9회(매년 달라질 수 있다. 1년 전에 FOMC 홈페이지에 스케줄을 공시한다) 정도 회의를 해 금리를 올릴까 말까, 어쩌면 좋겠냐 논의하고 결과를 발표한다.

　FOMC 회의에는 열두 명의 위원이 참석하는데, 일단 대장이 와야 하지 않겠는가? FOMC의 의장은 연방준비제도이사회 총재가 겸직한다. 그래서 지금 재닛 옐런이 FOMC 의장도 맡고 있는 것이다. 연방준비제도이사회 총재와 뉴욕 연방준비은행 총재는 고정 참석이고, 나머지 6석은 연방준비제도이사회 멤버, 4석은 주요 주마다 있는 연방준비은행 총재들이 돌아가며 참석한다. 미국은 연방준비제도이사회 산하에 여러 개의 연방준비은행이 있다. 연방준비은행도 약자가 FRB^Federal Reserve Bank라서 연방준비제도이사회와 헷갈리기 쉬우니 이번에 딱 정리해두자.

　하여간 이렇게 모여서 1년에 8~9회 정도 회의를 하고, 그때 기준금리 정책을 결정한다. 그래서 FOMC 회의가 있을 때마다 전 세계가 촉각을 곤두세우고 회의 결과를 예측하며 자국의 금리 정책을 고민하고, 투자자들은 시장에 어떤 영향이 있을지 그리고 그에 어떻게 대응할지 고심하는 것이다. 그러니 우리도 이제는 미국 기준금리 인상 문제에 대해서 딱 정리해서 공부하고 이해한 후, 뉴스도 챙겨 보며 미국 기준금리 이슈를 지속적으로 모니터링하자.

/ 미국의 금리, 들썩이는 세계 경제 /

세계의 모든 나라들은 무역할 때 자국의 화폐가 아닌 달러를 사용한다. 우리가 베트남과 교역한다고 생각해보자. 베트남 사람들이 우리 원화를 받을까? 아니다. 달러로 바꿔서 줘야 받을 것이다. 우리도 마찬가지다. 각국에서 주로 통용되는 화폐가 다 다르기 때문에 교역을 하기 위해서는 기준이 되는 기축통화가 필요하다.

미국을 뺀 모든 나라는 교역을 하려면 자국 화폐를 달러로 바꿔야 하기 때문에 달러의 가치가 변하면 교환할 때의 가치도 변한다. 달러의 가치, 즉 금리가 오르면 우리나라의 화폐 가치는 어떻게 될까? 예전에는 1,000원 주면 1달러를 살 수 있었는데 달러의 가치가 높아져 1,200원을 줘야 1달러를 살 수 있다고 가정해보자. 그럼 우리 돈의 가치는 어떻게 된 것인가?

그렇다. 상대적으로 떨어진 것이다. 그러니 미국의 기준금리가 인상되면 외국인 투자자들이 달러 자금을 회수해나가면서 급격한 달러 유출이 일어날 수 있다.

쉽게 생각해보자. 우리가 한국에 투자한 노랑머리 외국인이다.

한국 돈으로 열심히 주식 투자를 하고 있었는데 갑자기 미국이 기준금리를 인상하겠다고 한다. 이 말은 달러의 가치가 오르고 내가 쥔 한국 돈은 가치가 떨어진다는 의미다. 이때 우리는 어떻게 해야 할까? 내 손에 있는 돈의 가치가 떨어지건 말건 인생은 직진이니 계속 투자해야 할까? 아니면 손해 보기 전에 얼른 달러로 바꿔 한국 시장에서 나가야 할까? 당연히 후자가 정답이다. 그러니 미국의 기준금리 인상은 기축통화를 갖고 있지 않은 나라에게는 외화 유출을 일으키는 악재라고 할 수 있다.

게다가 미국은 기준금리를 인상하는데 우리나라는 기준금리를 계속 동결하거나 인하한다면 어떻게 될까? 미국의 기준금리가 2퍼센트이고 우리도 2퍼센트라고 가정해보자. 당신이 외국인 투자자라면 미국에 투자하겠는가, 한국에 투자하겠는가? 같은 금리를 준다면 당연히 우리나라보다 안정적인 미국에 투자할 것 아닌가? 미국과 우리나라의 기준금리 격차가 거의 없거나 같다면 외국인 투자자들은 한국 시장에서 달러를 빼 미국에 투자할 것이다. 이렇게 달러가 유출된다.

2008년 미국발 금융 위기 이후 2016년까지 글로벌 경기는 회복세가 미진했다. 아시아 신흥국들의 성장세도 몇 나라를 제외하고는 그다지 좋지 않았다. 이런 때 달러 자금 유출까지 겹치면 울고 싶은 아이 뺨 때리는 격이다. 빚으로 경기를 부양하며 성장하고 있는 신흥국에게 미국의 기준금리 인상은 분명히 악재다.

실제로 미국이 기준금리를 인상하면서 아시아 신흥국들에 경제 위기가 닥쳤던 적이 있다. 바로 1997년 IMF 위기였다. 언니처럼 연식이 좀 있는 분들은 IMF 사태를 기억하지만 요즘 젊은 친구들 중에는 잘 모르는 분도 있는 것 같다.

그 당시 미국은 깜빡이도 안 켜고 갑자기 기준금리를 인상했다. 그러자 신흥국들에 투자하던 외국 자본들이 썰물처럼 빠져나가 버렸다. 미처 충분한 외환보유고를 준비하지 못한 신흥국들은 달러가 바닥나 버렸고 결국 IMF에 달러 좀 꿔달라고 구제금융을 신청하기에 이르렀다.

물론 달러가 빠져나간 것만으로 외환 위기가 터진 것은 아니다. 개발도상국들은 대부분 부채에 의존해 성장하는데, 과도한 부채와 공급 과잉 그리고 사회 전반에 팽배한 부정부패 문제도 위기의 중요한 이유였다.

또한 IMF는 구제금융 요청을 순순히 받아들이지 않았다. 강력한 구조조정으로 재무 건전성을 높이라고 주문했다. 피를 짜내는 구조조정이 시작됐다. 수많은 사람이 일자리를 잃었고, 수많은 기업이 도산했다. 주가는 폭락했고 빚에 쫓겨 자살하는 사람들이 줄을 잇는 끔찍한 시기였다. 온 국민이 나라 살리겠다고 장롱 속에 고이 간직했던 아이들 돌 반지를 비롯해 금으로 된 목걸이, 팔찌,

수저, 거북이 조각상까지 꺼내 금 모으기 운동에 동참했던 눈물겨운 기억이 아직도 생생하다.

이렇게 한번 겪어보니 미국도 자기네만 살겠다고 기준금리를 마구 올릴 수는 없어서 '우리 기준금리 인상할 거니까 너네 준비해' 혹은 '이번엔 동결할 것 같지만 경기가 계속 좋아지면 올릴지도 몰라' 하고 미리 알려주게 된 것이다.

물론 다른 나라 눈치 본다고 금리를 안 올릴 미국이 아니지만, 기준금리 인상 때문에 신흥국들이 위기를 맞는다면 이것이 글로벌 경기 침체로 이어지고 결국 자국에도 영향을 미치니 그들도 인상 속도나 폭을 결정할 때 각 나라의 상황을 참고하기는 한다.

세계 경기는 아직 2008년 금융 위기 이전 수준으로 회복되지 못했다. 미국을 제외한 세계 주요국들은 여전히 양적 완화 기조를 유지하고 있다. 그런데 미국만 나 홀로 회복하고 금리를 올리겠단다. 자기네들 때문에 글로벌 경제 위기가 왔는데 자기들만 먹고살 만하게 회복됐으니 참 거시기하다. 역시 자본주의 먹이사슬의 최상단에 있는 포식자는 미국인가?

어쨌거나 미국은 현재 견조한 회복세를 보이고 있고, 기준금리를 끌어올려 금융시장을 정상화해야 하는 입장이다. 미국의 경제 규모 정도라면 기준금리 2~2.5퍼센트 정도가 적절하다고 한다. 경기 부양을 위해서는 '저금리'가 필요하다. 하지만 금리가 낮아

지면 금융 산업의 수익성이 크게 악화돼 금융 불안이 올 수도 있다. 유럽도 이런 이유로 은행들의 부실 문제가 계속 거론되고 있는 것이다. 저금리를 유지한다고 무조건 경기가 부양되는 게 아니다. 저금리가 마냥 좋은 것이라고 생각하면 안 된다. 각 나라의 경제 규모와 상황에 맞는 적정한 금리가 있는 법이다. 따라서 지금 미국의 조치는 기준금리 인상이라기보다는 '기준금리 정상화'라는 표현이 더 맞을지도 모르겠다.

2008년 금융 위기 이후 미국이나 영국 등 각국의 중앙은행들이 기준금리를 계속 인하했고, 사람들은 이런 현상을 불안해했다. 언니 역시 이러다가 정말 세계 경제가 다시는 회복을 못 하고 우리다 망하는 것 아닌가 하는 생각이 들 만큼 공포스러웠다. 이런 시장의 우려를 완화하기 위해 중앙은행들은 금융 정책의 방향을 알려주는 '포워드 가이던스Forward Guidance'를 발표했다.

포워드 가이던스란 '우리가 돈을 막 풀고 경기가 너무 안 좋고 다들 불안해하니 앞으로는 어떤 조건이 충족되면 금리를 올리는지 미리 가이드를 제시해줄게' 하고 알려주는 것이다. 미국은 2012년 12월에 처음으로 포워드 가이던스를 제시했는데 실업률이 6.5퍼센트, 물가가 2.5퍼센트에 도달하는 시점이 기준금리 인상 조건이라고 발표했다.

미국의 포워드 가이던스는 찰스 에반스Charles Evans라는 시카고 연방준비은행 총재가 처음 제안했기 때문에 '에반스 룰'이라고도 부른다. 그래서 '이번에는 에반스 룰에 따른 기준금리 인상 조건이 충족된다' 같은 문구를 뉴스에서 간혹 보셨을 것이다.

물론 미국이 에반스 룰을 충족한다고 해서 무조건 금리를 인상하는 것은 아니다. GDP 증가율도 보고 여러 경제 지표들을 종합적으로 판단해서 기준금리 인상을 결정한다. 2015년 12월 당시 미국이 기준금리를 인상했을 때는 실업률 조건은 충족했지만 물가는 2퍼센트에 못 미쳤었다. 그러나 국제 유가 하락 때문에 주춤한 것일 뿐 물가는 2퍼센트대로 상승하고 있다고 판단해 기준금리 인상을 단행했다.

에반스 룰만 충족된다고 다 되는 건 아니지만 우리도 에반스 룰을 적용해 미국 실업률이 얼마로 발표되는지, 물가는 어떤지 확인하면서 금리 인상 여부를 가늠해볼 수 있다. 이렇게 힌트를 주는 것이 바로 포워드 가이던스의 역할이다.

여기까지 미국의 기준금리 인상 문제에 대해서 숨 가쁘게 따라오느라 고생하셨다. 지금 영혼이 외출하신 분도 계실 테고 동공이 갈 곳을 잃은 분, '넋이라도 있고 없고'의 상태에 빠진 분들도 계시리라. 하지만 미국의 기준금리 인상 문제는 정말로 중요한 이슈이기에 이렇게 많은 지면을 할애해서 정리해드린 것이다. 혹시 암만 읽어봐도 뭐라는지 잘 모르겠다 하는 분들이 있다면 유튜브 〈부자언니 쇼〉 채널로 가서 "최진기, 유수진, 김광석의 경제팟 제3화 – 미국 기준금리 인상이 당신의 지갑을 노린다"(youtu.be/-r_cN9g_-bI)를 보시라. 글로 읽는 것보다 훨씬 더 이해가 잘되실 것이다.

/ 석유 왕자님들, 원유를 자꾸 생산하면 어쩌시려고요 /

미국의 기준금리 인상으로 영향받는 것은 아시아 신흥국만이 아니다. 원유, 원자재 수출 국가들은 어떨까? 원유나 원자재는 실물이다. 그리고 달러는 돈이다. 달러의 가치, 즉 금리가 인상된다면 실물의 가격은 어떻게 될까?

여기 실물과 돈이 있다. 그런데 돈의 가치가 오를 거라고 한다. 그럼 당신은 돈을 가지겠는가, 그 돈으로 실물을 사겠는가?

당연히 돈을 가지고 있으면 가치가 더 오를 테니 실물을 사지 않고 계속 돈을 쥐고 있을 것이다. 그러니 실물의 수요는 어떻게 될까? 그렇다. 줄어들 수밖에 없다. 게다가 세계의 공장 역할을 하던 중국을 포함해 글로벌 경기의 성장세가 둔화되면서 원유에 대한 수요가 더 줄어들었다. 또 태양열 에너지, 풍력 에너지 등 신재생 에너지로 인해 원유 수요가 줄었다. 셰일 가스의 공급도 한몫했다. 이렇게 수요가 줄어들면 가격은 어찌 될까? 예상하신 대로,

떨어진다. 그럼 가격이 떨어지지 않도록 하려면 어떻게 해야 할까? 맞다. 공급을 줄이면 된다. 하지만 OPEC에 가입한 여러 산유국들은 감산을 하지 않았다.

여기서 또 모르는 단어가 보인다. OPEC! 아니, 뭐 툭하면 영어냐고. 그래도 외국 사람들이 모인 기구니까 영어로 이름을 붙여야지 어쩔 수 없다. 심호흡 한 번 하고 정신 가다듬고 또다시 진도를 나가보자.

OPEC은 'Organization of the Petroleum Exporting Countries'의 약자다. 이건 또 무슨 뜻? 결국 석유 팔아 먹고사는 나라들의 모임이구먼? 그렇다. OPEC은 석유 수출국끼리 석유 자본에 대한 발언권을 강화하기 위해서 결성한 자원 카르텔, 석유 수출 기구다.

2017년 5월 기준으로 OPEC 회원국은 이란, 이라크, 쿠웨이트, 사우디아라비아, 카타르, 아랍에미리트, 알제리, 앙골라, 나이지리아, 리비아, 베네수엘라, 에콰도르, 가봉 등 13개 국가다. 석유나는 나라가 이렇게 많은데 왜 우리 땅에서는 기름 한 방울이 안나는지! 산유국들 가운데는 OPEC에 가입한 나라도 있고 그렇지 않은 나라도 있으니 기름 나는 나라는 13개보다 훨씬 많다. 러시아와 미국도 석유를 생산하니 말이다.

하여간 이 OPEC 국가들은 왜 감산하지 않았을까? 아니, 공급을 줄여야 가격이 유지될 텐데 도대체 왜 그들은 원유 공급량을 줄이지 않았던 것일까? 도대체 왜? 왜? 왜?

열 손가락에 다이아몬드 반지를 끼고 살던 석유 왕자님들이 돈을 벌 수 있는 유일한 방법은 원유를 파는 것이었다. 만약 석유 왕자님들이 1년에 1,000만 원을 벌어야 먹고살 수 있다고 가정해보자. 100원짜리 원유를 열심히 팔아서 1년에 1,000만 원씩 잘 벌고 있었는데 갑자기 원유 가격이 50원으로 떨어졌다면 이 왕자님들은 어떻게 해야 할까?

무조건 1,000만 원을 벌어야 하니 100원짜리 원유를 팔 때보다 훨씬 더 많은 원유를 팔아야 1,000만 원을 벌 수 있지 않겠는가? 그래서 원유 가격은 하락했지만 오히려 생산량을 더욱 늘릴 수밖에 없었던 것이다.

이렇게 서로 자기 밥그릇만 생각하다 보니 사우디아라비아도 2016년에 원유 생산량을 역대 최고 수준으로 늘렸고, 이란은 핵 제재가 끝나 이제 겨우 먹고살 길이 열렸는데 감산이 웬 말이냐며 원유 생산에 박차를 가했다. 상황이 이렇다 보니 OPEC 국가들 사이에서 감산 합의는 이루어질 수가 없었고 원유 가격은 40달러대로 추락했다.

원유는 모든 제품을 생산하는 원료가 된다. 따라서 원료인 원유의 가격이 하락하면 제품 가격도 올릴 수 없다. 경제가 성장하기 위해서는 같은 양의 제품을 팔아도 물건 값이 올라야 한다. 만약 작년에 100원짜리 물건을 100개 팔아 1만 원을 벌었다고 가정해 보자. 그런데 원재료 가격이 떨어져서 올해는 물건 가격이 90원으로 하락했다면 똑같이 100개를 팔아도 9,000원밖에 못 번다.

그러니 전 세계가 원유 가격 하락으로 인해 저성장 국면에 들어섰고, 2008년 금융 위기 이후 가뜩이나 회복이 더디던 세계 경제가 더욱 불안해졌다. 러시아도 경기가 아주 힘들었고, 아프리카 2위의 산유국인 앙골라는 IMF에 구제금융을 신청했다. 베네수엘라와 브라질 같은 나라들도 상황이 매우 안 좋았다.

결국 러시아가 2016년 말에 '얘들아, 우리 이러다 너도 죽고 나도 죽겠다. 다 같이 감산에 합의하는 게 어떻겠니?' 하고 나섰다. OPEC 회의에서도 감산 합의가 이루어졌고, 이후 유가는 50달러를 넘어서며 조금 안정을 되찾았다.

문제는 미국의 대통령이 트럼프라는 것이다. 트럼프는 환경을 생각하기보다 미국에 남아도는 화석연료를 계속 사용하자는 입장이어서 겨우 감산 합의를 해 안정된 원유 가격을 또다시 하락시킬지도 모른다.

미국은 서부텍사스유를 생산하고 셰일 오일과 셰일 가스도 생산한다. 예전에는 생산하는 데 비용이 많이 들었지만, 이제는 설비에 들어간 비용의 감가상각이 모두 끝나 많은 돈을 들이지 않고

도 셰일 오일과 셰일 가스를 개발할 수 있게 됐다. 그러니 서부텍사스유뿐 아니라 셰일 오일, 셰일 가스도 마구 생산해내고 미국에서 쓰고 남은 것이 있다면 수출하고 싶어 할 것이다. 그럼 원유 가격은 어떻게 될까? 트럼프의 이런 정책은 원유 가격에 하방 압력을 가할 수 있는 요인이다.

/ 트럼프, 그가 정말 궁금하다 /

솔직히 모르겠다, 트럼프라는 예측 불가능한 인물을. 그는 도대체 무슨 생각을 하고 있으며 어떤 사람인가? 정말로 호랑이를 타고 다니는지 두 눈으로 확인하고 싶고 우리 '연느님'의 금메달을 뺏어간 혐의(물론 심증뿐이다)가 있는 그 남자, 푸틴 이후로 직접 한번 만나보고 싶은 인물은 트럼프가 처음이다. 언니는 그가 정말 궁금하다.

전 세계에 가장 영향력을 크게 미칠 수 있는 나라의 대통령 선거였기 때문에 미국 대선은 우리나라 뉴스에도 연일 오르내렸다. 그 과정에서 우리에게 알려진 트럼프라는 인물은 여성을 비하하고 천박한 표현을 마구 써대는 안하무인 인격의 이상한 남자였다. 사실은 그게 다 힐러리와 민주당이 언론을 장악해서 트럼프를 이상한 사람으로 매도한 결과라고 주장하는 사람들도 있었다.

하지만 진실을 누가 알겠는가? 언니는 트럼프가 원하는 결과를 얻기 위해 어떤 식으로 일을 추진해나가고 어떻게 상대와 협상을 하는지가 궁금하다. 물론 그의 정신세계도 알고 싶다. 트럼프가 우리 경제, 또 세계 각국의 경제에 미칠 영향을 예측해야 하기 때문이다.

적금만 할 때는 눈을 반쯤만 뜨고 살았어도 됐는데, 괜히 투자한다고 공부를 시작해가지고 온갖 것을 다 알아야 하니 피곤하신가? '하다 하다 내가 남의 나라 대통령 정신세계까지 분석을 하고 있을 줄이야!' 하는 자괴감이 들어도 조금만 참자. 이게 또 들여다보면 재미있다. 트럼프만 이해하면 푸틴이나 두테르테, 아베, 시진핑은 껌이다.

일단 트럼프의 정책 기조를 먼저 이해하고 넘어가자. 미국을 다시 위대하게 만들려는 트럼프의 가장 중요한 정책 기조는 바로 고용이다. 고용을 늘려야 가계의 소득이 증가하고, 소득이 증가하면 소비가 늘어나니 기업은 생산을 많이 해야 한다. 생산을 많이 하려면 투자를 늘려야 하고 투자를 늘리면 또다시 고용이 늘어나는 경제 선순환 구조를 만들 수 있기 때문이다.

트럼프는 고용을 늘리기 위해 기업이나 공장을 미국으로 들여오는 여러 정책을 펴고 있다. 그중 첫째는 NAFTA(북미자유무역

협정) 폐기다. 가만 보니 미국에 자동차를 수출하는 나라들이 미국은 인건비도 비싸고 비용이 많이 드니까 비용이 훨씬 덜 들어가는 멕시코에 공장을 세우네? 게다가 멕시코와 미국은 NAFTA 협정에 의해 무관세로 수출이 가능하다. 그러니 멕시코에서 생산해 미국으로 관세 없이 수출하는 우회 수출을 하는 것이다.

'아니 우리나라에 차 팔 거면 우리나라에 공장 지어서 일자리도 창출하고 해야지! 너네는 비용 절감해서 좋고, 멕시코도 공장 들어와서 일자리 생기고 수출도 늘어서 좋은데, 도대체 그 자동차 사주는 우리 미국인들에게 좋은 건 뭐냐! 너네만 좋으라고 내가 팔짱 끼고 가만히 있을 줄 알아? NAFTA 따위 파기해버린다, 내가!'

이것이 트럼프의 입장이다. 처음에는 미국 입장에서 불공정한 무역을 더 이상 좌시하지 않겠다고 NAFTA 파기라는 강경한 입장을 보였다. 같은 맥락으로 2017년 1월 24일에 TPP(환태평양경제동반자협정) 탈퇴를 공식 선언했다. 그러나 최근 들어 트럼프는 NAFTA에서 탈퇴는 하지 않되 재협상하겠다고 기조를 바꿨다. 앞으로는 어떻게 될지 관련 뉴스를 잘 챙겨 봐야겠다.

둘째는 법인세 인하다. 우회 수출을 못 하게 하는 대신 법인세를 감면해주겠다 이거다. 법인세 싸니까 다들 미국으로 들어와라, 유인하는 것이기도 하다. 트럼프는 법인세율을 기존 35퍼센트에서 15퍼센트로 파격적으로 인하하겠다고 발표했다. 하지만 공화당 내에서도 '20퍼센트도 안 되는 건 너무하잖아. 세금 너무 깎아 줘서 세수 부족하면 어떻게 하나!', '재정 정책 편다면서 무슨 돈 으로 추진하려고? 20퍼센트 이하는 안 된다!' 하는 목소리가 있다. 실제로 이렇게 세금을 인하해주면 향후 10년간 2,200조 원의 세수가 감소한다고 한다. 게다가 트럼프 자신이 기업가이니 트럼프 일가를 위한 셀프 감세가 아니냐는 지적도 나오고 있다. 이런 상황에서 법인세율을 15퍼센트까지 낮추는 방안이 의회를 통과할 수 있을지는 미지수이나 지지율이 바닥을 찍고 있는 트럼프의 사활을 건 마지막 카드라는 점에서 그도 쉽게 물러날 것 같지는 않다.

셋째는 국경조정세다. 쉽게 설명하자면 생산지 기준으로 세금을 부과할 것이냐 도착지 기준으로 세금을 부과할 것이냐의 문제이다. 만약 미국에서 생산해 중국에 수출했다면 소비는 어디에서 되는가? 중국에서 되겠지? 그러면 중국에서 세금을 부과하겠다는 뜻이다. 반대로 인도에서 생산한 제품을 미국이 수입해 쓴다면 세금은 미국에서 물건을 쓰는 사람들이 내는 것이다. 그러니 다른 나라 공장에서 만들어 미국으로 수입하지 말고 미국 공장에서 만들어 다른 나라로 수출하라 이거다. 하지만 최근 트럼프는 국경조정세를 도입하지 않겠다고 발표했다. 국경조정세로 거둬들일 수 있다고 생각한 세수를 확보하지 못하게 되니 법인세 감면으로 인한 재정 악화는 더더욱 우려를 사고 있는 상황이다.

석유화학 산업, 석탄 산업도 일자리가 많이 창출되는 산업이다 보니 트럼프는 화석연료를 계속 쓰자고 주장하고 있다. 환경보호를 위해 신재생 에너지를 사용하는 일에는 전혀 관심이 없다. 또 미국 내에 공장들을 많이 들여야 하니 지구온난화를 막기 위해 서로 약속한 만큼만 탄소를 배출하는 탄소배출권 제도 같은 것도 싫어한다. 공장들이 화석연료를 사용함으로써 배출할 온실가스가 엄청날 테니 말이다. 트럼프는 이전 오바마 대통령의 녹색 성장Green Growth 기조에 반대한다.

이런 여러 가지 정책들로 미국에 공장을 들여왔다면 생산액이 늘어날 테고 그러면 경제가 살아나는 것이다. 이렇게 생산한 것들을 자국 내에서 소비하고도 남는다면 그때는 수출도 하고 싶을 것이다. 그래서 트럼프는 미국이 수출을 쉽게 할 수 있도록 보호무역주의를 내세우고 교역 상대국들에 환율 절상 압력을 가하고 있다. 대미 무역 흑자 현황을 살펴보면 미국은 중국에 대해 적자가 엄청나다.

한국은 중국이나 일본, 독일, 멕시코에 비하면 대미 무역 흑자 규모가 크지는 않다. 그래서 미국은 중국, 일본, 독일 등의 대미 무역 흑자를 먼저 줄이고자 할 것이다. 이런 나라들로부터 수입만 할 게 아니라 수출도 하면 무역수지 적자 폭이 줄어들 테니 미국

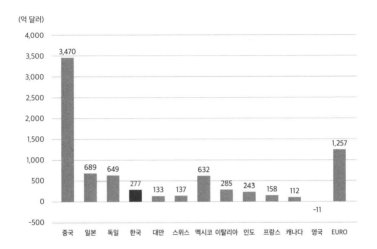

〈주요국의 대미 무역 흑자 현황〉(2016년)

(억 달러)

출처: 미국 재무부(2017.4.14.)

에 유리하게 FTA를 재협상하겠다는 것이다. 트럼프는 한국과 미국 간 FTA도 다시 손보겠다고 계속 으름장을 놓고 있다. 대미 무역수지 흑자 규모를 보았을 때 우리도 앞으로 1년쯤 후 트럼프와 재협상 테이블에 앉지 않을까 예상하는 전문가들도 있다. 하지만 트럼프 정부가 언제 어떤 액션을 취할지는 확신할 수 없다. 그간 한미 FTA로 수혜를 입었던 업종들은 타격이 불가피할 것이다.

FTA 재협상과 동시에 트럼프는 환율 절상 압력도 가한다. 선거운동 당시부터 자신이 대통령이 되면 반드시 중국을 환율조작국으로 지정할 거라고 했었다. 그런데 환율조작국이 뭐냐고? 미국은 교역 상대국을 환율조작국으로 지정할 수 있다. 쉽게 말해 "우리랑 교역하려면 환율 조작으로 너희 나라 돈 평가절하해서 우리한테 싼값에 수출 많이 하려고 그러면 안 돼!"라는 말이다. 환율을 조작해서 무역으로 이득 볼 생각일랑 하지 말라는 이야기다. 그렇다면 미국은 어떤 나라를 환율조작국으로 지정하는 걸까?

대미 무역수지 흑자가 200억 달러 이상인 나라, 경상수지 흑자 비율이 GDP 대비 3퍼센트 이상인 나라, 외환 시장 개입 규모가 GDP 대비 2퍼센트 이상인 나라다. 이 가운데 세 가지에 모두 해당되면 환율조작국으로 지정하고, 두 개에 해당되면 관찰대상국으로 지정한다.

미국은 매년 4월과 10월 환율 보고서를 작성하는데 이때 환율조작국이나 관찰대상국을 지정해서 발표한다. 그래서 4월과 10월 전에는 여러 나라들이 '우린 우리 돈 가치 떨어뜨려서 수출할 때 이득 보려고 안 해. 절대 안 그래' 하며 미국 눈치를 본다. 이외에도 이유는 많지만 이것 때문에 환율이 떨어지기도 한다. 하지만 이번 4월에 발표된 미국의 환율 보고서에서는 중국을 환율조작국으로 지정하지 않았다. 일각에서는 환율조작국 지정 카드로 시진핑을 압박해서 북핵 문제를 해결한 게 아니냐는 추측들도 나온다.

이러나저러나 트럼프가 2017년 1월 20일에 집권을 시작한 지 이제 100일이 지났다. 보통 한 국가의 대통령이 취임하고 난 후

100일간을 허니문 기간이라고 한다. 이 기간에는 웬만하면 대통령의 정책을 비판한다거나 지지율이 많이 떨어진다거나 하는 일이 없다. 서로 아직 잘 모르니 조금 더 지켜보며 대통령이 정책을 잘 펼칠 수 있도록 시간을 두고 기다려주자는 의미다. 하지만 〈월스트리트 저널Wall Street Journal〉의 조사 결과에 따르면, 지금 트럼프 대통령의 국정 운영을 지지하지 않는다는 비율이 54퍼센트나 된다고 한다. 1950년대 이후 허니문 기간에 가장 낮은 지지율을 보인 미국 대통령이다.

집권하자마자 반이민 행정 명령을 집행했으나 연방 법원의 반대로 제동이 걸렸고, '오바마 케어'를 폐지하고 '트럼프 케어' 법안을 발의했지만 같은 공화당 내의 반대에 부딪혀 철회했다. 중국을 잡아먹을 것처럼 몰아붙이더니 어느새 말을 바꿔 시진핑은 아주 좋은 사람이라고 하고 환율조작국으로 지정하지도 않았다. 앞으로는 또 어떤 행보를 보일까?

이제 겨우 100일이 지났으니 좀 더 지켜봐야겠지만, 대통령직이 혼자서만 의사 결정을 할 수 있는 자리는 아니니 본인의 정책 기조는 유지하면서 지금처럼 공화당 시스템에 점점 순응하며 원하는 바를 관철해나가지 않을까? 어쨌든 우리가 해야 할 일은 뉴스 잘 챙겨 보면서 트럼프 폭풍에 잘 대응하는 것이다.

부자 미션

돈의 역사를 공부하자. 돈의 역사에 대해서는 『부자언니 부자특강』에 정리해두었으니 기억이 나지 않으면 복습하시고, 다른 책이나 자료를 보며 공부해도 좋으니 꼭 한 번 정리하시기를 바란다.

돈의 역사를 공부하다 보면 절대 화폐인 금과 달러의 관계도 이해하게 될 텐데, 달러 가치의 변화에 따라서 금의 가치는 어떻게 변하는지 집중해서 공부하시라. 그래야 금에 언제 투자해야 하는지 판단할 수 있다.

또한 미국의 기준금리 인상 문제는 꼭 정리하고 넘어가야 한다. 미국의 연방준비제도를 공부하고 기준금리를 결정하는 방법에 대해서도 알아두자. 그래야 미국 기준금리 관련 뉴스를 보고 이해할 수 있고 우리나라 주가에 어떤 영향을 미칠지 예측할 수 있다. 당장 내 펀드, 내 주식 수익률에 끼치는 영향을 예측할 수 있도록 공부하자.

17

(중국과 일본, 유럽은
우리에게 어떤 영향을 미칠까?)

/ 대륙의 아들딸들은 구조조정 중 /

미국을 알아봤으니 이제 중국으로 넘어가보자. 중국은 1978년 개혁개방 이후 눈부시게 성장했다. 하지만 2007년 14.2퍼센트에서 2010년 10.6퍼센트, 2014년 7.3퍼센트로 경제 성장률이 뚝뚝 떨어지다가 급기야 2015년에는 7퍼센트대가 무너져 6.9퍼센트를 기록했다. 아니, 우리나라에 비하면 엄청나게 높은 성장률인데 무슨 걱정이냐고? 개발도상국인 중국은 우리와 당연히 성장 속도가 차이 날 수밖에 없다.

고속 성장을 해온 중국의 성장세가 계속 둔화되고 급기야 7퍼센트대의 성장도 이루지 못하자 다들 걱정이 이만저만이 아니었다.

'저러다가 중국 경제가 경착륙해버리면 어쩌지?'

'아니야, 중국 정부가 손 놓고 그냥 보고만 있지는 않을 거야. 구조조정 잘해서 연착륙할 수 있을 거야!'

'예전에 아시아 신흥국들이 개발도상국을 거쳐서 선진국의 대열에 들지 못하고 중진국의 함정에 빠지던데 중국도 그렇게 되는 거 아니야?'

중국 경제 성장률이 둔화되건 말건 왜들 이렇게 관심이 많은 걸까? 그 이유를 파헤쳐보자.

우리나라만 해도 중국에 대한 경제 의존도가 아주 높다. 다른 아시아 신흥 국가들도 마찬가지다. 중국과 교역하는 여러 나라들과 중국에 원유나 원자재 등의 자원을 수출하는 나라들 역시 중국의 경제 상황에 큰 영향을 받는다. 이미 경제 규모와 그 영향력이 커진 중국이 쓰러진다면 세계 경제에 위기가 올 수도 있다. 그래서 2015년 전 세계가 마음을 졸이며 중국을 불안한 눈빛으로 지켜봤던 것이다.

하지만 우리 대륙의 아들 시진핑 오빠는 2016년 양회에서 "신창타이新常態"를 외치며 "걱정하지 마라. 우리는 강력한 구조조정을 통해 내년에도 6.5~7퍼센트대의 성장을 이루겠다!"고 천명했었다. 중국은 매년 3월 전국인민대표대회와 전국인민정치협상회의를 하는데, 이 둘을 양회라고 부른다. 이 양회를 통해 중국 정부는 정치와 경제 운영 방침을 결정하고 발표하기 때문에 매년 3월이면 중국의 양회에 이목이 집중되는 것이다.

하여간 중국 정부가 발표한 신창타이는 '뉴노멀'이라는 뜻이고 중국 경제를 리밸런싱한다고도 해석할 수 있다. 더 이상 수출 중심의 경제 발전에 치중하지 않고 내수로 눈을 돌려 균형을 잡고, 공급 과잉이나 과도한 부채 문제도 과감하게 구조조정을 하고 부정부패 문제도 척결하고 환경도 돌아보겠다는 이야기였다.

신창타이 발표 이후 세계인들은 정말 중국 경제가 다시 살아날 수 있을지 조심스럽게 지켜보고 있는 상황이다. 다행스럽게도 2016년 중국의 GDP 증가율은 6.7퍼센트로 나름 선방했다. 문제는 IMF에서 발표한 2017년 경제 성장률 전망치가 6.5퍼센트였고, 중국 정부도 이제는 성장보다 안정이 중요하며 6.5퍼센트를 경제 성장률 목표로 하겠다고 발표했다는 것이다. 6.5퍼센트라니! 중국 경기가 좋지 않으니 그런 수치가 나온 게 아니냐는 의견들도 있었고, 말 그대로 이제는 성장보다는 안정, 내실을 다지며 안정적으로 성장하겠다는 뜻으로 해석해야 한다는 의견들도 있었다.

2017년 1분기가 지난 지금 중국은 여러 우려들을 잠재우며 1분기 GDP 증가율이 6.8퍼센트라고 발표했다. 하지만 2분기부터는 민간 기업의 투자도 줄어들고 부동산도 긴축 정책이 계속될 것이라 1분기보다는 성장 속도가 완만해질 것으로 내다봤다. 하지만 여전히 근본적인 문제들이 아직 해결되지 않았기 때문에 이제 안심해도 괜찮다고 낙관할 수만은 없다.

중국의 문제는 세 가지 정도를 짚어봐야 한다. 첫째, 공급 과잉 문제다. 특히 철강과 석탄 산업을 중심으로 공급 과잉 문제가 대두됐다. 따라서 중국 정부는 과잉 생산 억제 업종을 관리하고 철강과 석탄 생산량을 감축하는 한편 부실기업들은 합병하거나 청산하는 등 강력한 구조조정을 하고 있다.

둘째는 기업의 과다한 부채 문제다. 자본과 부채 비율 5 대 5 정도가 건전한 상태라면 지금 중국에는 7 대 3 정도까지 부채 비율이 높아진 기업들이 많다. 기업들이 대출을 받아 적극적으로 투자하려다 보니 생긴 일이다. 고성장을 기대한 기업들이 과도한 부채에 의존해가며 투자를 했지만 막상 성장세가 예년 같지 않자 수요가 줄어들고 기업들은 매출이 줄어들고 부채만 늘어나니 부실이 가중되었다. 이렇게 부실기업들이 늘어나면서 시진핑 정부는 공급 과잉 문제와 더불어 부채 과다 문제도 강력한 구조조정으로 해결하겠다고 선언했다.

셋째는 부동산 시장의 과열이다. 부동산 가격이 과도하게 치솟으면서 시진핑 정부는 여러 부동산 규제 정책을 내놓으며 부동산 시장을 안정시키려고 노력하고 있다.

이외에도 중국은 트럼프 대통령이 이끄는 미국과의 환율 문제 그리고 북핵 문제와 사드 배치 문제 등 대외적인 여건이 불확실한 상태에 있다. 따라서 지속적으로 중국 경제 상황을 체크할 필요가 있다. 하지만 지금까지는 중국 정부가 이야기했던 대로 구조조정을 적극적으로 해나가는 등 대응을 잘하고 있어 당장 이 세 가지 문제 때문에 큰 리스크가 발생할 것으로 보이지는 않는다. 게다가 우려했던 미국과의 관계도 나름 잘 풀어나가고 있는 것처럼 보인다.

하지만 자국의 이익을 위해서라면 언제든 서로 등을 돌릴 수 있는 게 미국과 중국의 관계 아니겠는가. 그러니 앞으로도 우리는 꾸준히 관심을 가지고 신창타이가 잘 진행되고 있는지, 미국과의 무역 문제는 어떻게 풀어나가는지 지켜보며 투자에 대응해나가야 할 것이다.

/ 잃어버린 20년, 일본 너네 괜찮은 거니? /

다음은 일본으로 넘어가 보자.

일본은 제2차 세계대전이 끝난 후 1980년대까지 폭풍 성장을 하며 미국 다음으로 잘사는 나라가 됐다. 하지만 1990년대에 들어서면서 거품이 꺼지기 시작했다. 1980년대 말 급격히 올랐던 주가 및 부동산 가격이 1991년부터 확 가라앉기 시작하다가 1990년대 중반이 지나면서 좀 괜찮아지나 싶었다. 그런데 1997년에 아시아 외환 위기가 뻥 터지면서 그 여파로 1999년 초까지 다시 고된 시기를 겪었다.

그러다가 2000년대에 들어서면서 먹고살 만해지나 했는데 IT 버블이 터지면서 경기는 다시 내리막길을 걸었다. 1990년대 말, 2000년 초에 더블 딥Double Deep에 빠지면서 힘들어하던 일본은 설상가상으로 2008년에 글로벌 금융 위기를 맞아 더 심하게 위축됐다.

이후 2010년에 반등하나 싶었지만 2011년 3월에 동일본 지진이라는 끔찍한 재앙을 겪었고, 2012년에는 유럽발 경제 위기가 터지면서 '잃어버린 20년'이라는 말이 나올 정도로 저성장의 힘든 나날을 보내야 했다.

저성장이 계속되면서 고민이 깊어진 일본의 아베 총리는 앞서 말했듯 아베노믹스라는 신조어를 만들어내며 엔화를 풀어 경기 부양에 나섰다. 하지만 IMF에 따르면 2015년 일본의 GDP 증가율은 1.2퍼센트, 2016년 0.9퍼센트, 2017년 GDP 증가율 전망치 0.8퍼센트로 여전히 저성장에서 벗어나지 못하는 모습이다.

아베 총리의 피나는 노력에도 불구하고 일본의 경제 회복 속도는 아주 더디다. 고령 인구를 부양하기 위한 사회보장 비용이 증가하고 생산 가능 인구(15~64세)가 감소하면서 잠재 성장률도 하락 중이다. 또한 값싼 중국산 제품에 밀리면서 주요 수출 산업 경쟁력도 약화되고 있다. 일본과 수출 경합도가 높은 신흥국들이 기술 수준을 높여가며 일본의 주력 산업이었던 전자, 자동차, 반도체, 조선, 철강 등을 따라잡고 있다. 기술 수준은 비슷해지고 가격은 신흥국이 훨씬 싸니까 일본은 수출 경합도에서 밀릴 수밖에 없다. 예전에는 혼자 반도체 팔고, 혼자 자동차 팔고 혼자 조선, 철강에서 잘나갔는데 우리나라가 전자 가져오고, 반도체 가져오고, 자동차도 꽤 많이 가져왔다. 게다가 중국도 이제 철강이나 조선, 값싼 전자 제품 등으로 점점 일본의 먹거리를 뺏어가고 있다. 우리가 중국이나 기타 신흥국들에게 주력 산업을 내주는 것과 같은 이치다. 일본은 이제 다른 산업으로 주력 산업을 전환해야 하는데 그 전환이 늦어져 저성장 기조에서 쉽게 벗어나지 못하고 있다. 하지만 여전히 일본은 GDP 규모 세계 3위의 경제 대국이다. '쟤들 20년간 비실비실하더니 이제 끝난 것 아냐?' 하고 우습게 볼 나라는 아니라는 말이다.

저성장으로 힘든 보리 흉년일 텐데도 일본은 과학기술 연구와 개발에 지속적으로 투자하고 있다. 2016년의 IMD 세계 경쟁력 보고서에 따르면, 일본은 10만 명당 특허 보유 건수 세계 1위, 2012~2014년 평균 특허 취득 건수 1위, 기업 R&D 분야 인력 2위,

R&D 투자액 3위의 나라다. 언니가 올해 초 2017년 CES(국제전자제품박람회)에 가서 보니 확실히 일본은 로봇 기술에 강했다. 다양한 일본 기업들이 로봇 기술을 들고 나왔지만 빨래 개는 로봇이 특히 인기가 좋았다. 로봇 기술에 일본만의 디자인 감각을 입히고 실생활에서의 필요를 센스 있게 찾아낸 덕분이 아닌가 싶었다.

게다가 2000년대 초반부터 다양한 문화 산업 육성 정책을 통해서 캐릭터나 게임 산업 등 콘텐츠 시장 규모를 키워가고 있다. 일본은 게임, 캐릭터, 음악, 지식 정보 분야 모두 세계 2위의 시장 규모를 가지고 있을 만큼 문화 산업에서는 여전히 파워풀한 경쟁력을 자랑한다. 증강현실(AR), 가상현실(VR), AR과 VR을 섞어놓은 복합현실(MR)은 이미 우리 실생활 속으로 들어와 수익을 만들어내고 있다. 어떤 회사의 제품이 더 좋은 기술을 가지고 있는가보다는 어떤 콘텐츠를 가진 회사가 가상·증강 현실 산업에서 돈을 벌 것인가를 지켜봐야 한다. 전 세계적으로 포켓몬고 열풍이 불었었다. 포켓몬고는 AR 기술을 접목한 게임이라고는 하지만 사실 AR 기술만으로 성공한 것이 아니다. 추억의 피카츄, 라이츄가 AR과 만나서 폭발적인 관심을 끌어낸 것이다. 역시 일본은 나름대로 고부가가치 산업으로 방향을 틀어 투자를 열심히 하고 있다. 이외에도 기업의 해외 진출, 개발도상국들에 대한 공적개발원조 ODA^Official Development Assistance를 통해서 세계 경제에 미치는 영향력을 높이고 있다.

저성장에서 탈피하려 애쓰는 아베는 국민들의 견고한 지지를 받고 있다. 2017년 3월의 자민당 당대회에서 총재 임기를 연속 세 번, 9년 동안 집권할 수 있도록 변경하면서 아베가 세 번째로 연임할 가능성도 커졌다. 그렇게 된다면 2021년 9월까지 총리직을 유지할 수 있다. 아베가 집권하는 동안 일본이 고도의 과학기술로 4차 산업혁명을 주도해나가며 다시 한 번 도약할지 지켜봐야겠다.

정리해보면, 일본은 저성장 기조에서 벗어나려고 노력 중이고 서서히 회복하고 있으나 그 속도는 아주 더디다. 하지만 일본으로 인해 세계 경제 위기가 온다거나 할 일은 당장은 없어 보인다. 일본은 우리가 겪을 일을 미리 겪은 나라이기 때문에 한국 경제가 일본처럼 될 것이라는 이야기들을 많이 하는데, 오히려 먼저 경험한 일본을 보고 우리는 더 현명하게 대처할 수 있었으면 한다. 일본의 잃어버린 20년 동안에도 분명히 성장한 산업이 있을 것이다. 그 오랜 기간 동안 저성장 기조를 유지하면서도 여전히 경제 대국인 일본을 버티게 한 힘이 무엇인지도 공부해볼 필요가 있다. 일본 여행 가서 먹방 찍고 드럭 스토어에서 아이봉이랑 퍼펙트 휩만 사오지 마시고 저성장의 그늘에서도 성장한 산업이 무엇인지를 직접 가서 보고 찾아본다면 여행이 더 의미 있고 풍성해질 것이다.

/ EU, 그렇게 잘 지내더니 왜 찢어지네 마네 그러는 거니? /

고령화, 저성장 문제라면 일본 못지않은 유럽으로 건너가 보자. 유럽의 가장 큰 이슈는 EU의 결속력이 계속 유지될 것인가, 약화될 것인가에 대한 문제다. 유럽은 EU를 결성해 관세 없이 무역하고, 여권 없이도 자유롭게 국경을 넘나들며 여행을 하거나 취업할 수 있는 정책을 펴왔다. 마치 하나의 나라처럼 연합해서 움직였던 것이다.

2017년 현재 독일, 프랑스, 영국, 스페인, 이탈리아 등 총 28개국이 EU에 가입해 있다. 그런데 어느 날 영국이 '나 이제 EU에서 나갈래! 분담금만 많이 내지 혜택도 별로 못 받고 난민도 받아야 하고 아, 진짜 짜증 나!' 하고 국민투표로 브렉시트를 결정했다.

브렉시트Brexit는 '영국Britain'과 '탈퇴Exit'의 합성어다. 영국의 EU 탈퇴는 누구도 예상하지 못했던 결과여서 국제 사회에 쇼크가 컸다. 물론 영국이 EU를 탈퇴했다고 해서 큰일이 벌어지고 지구가 멸망하고 세계 경제 위기가 오지는 않는다. 그러나 영국이라는 나라가 EU를 탈퇴했다는 것은 EU의 결속력이 약해졌다는 상징적 의미고, 앞으로 다른 국가들도 EU를 탈퇴할 가능성이 있다는 의미다.

유럽은 2017년에 치르는 선거가 많다. 5월 프랑스 대통령 선거는 이미 치렀고, 6월 프랑스 의회 총선거, 8월 독일 의회 총선거, 9월 노르웨이 의회 총선거, 10월 체코 의회 총선거가 연달아 있다. 각국의 선거 결과에 따라서 EU에 남겠다는 입장을 가진 쪽이 집권하느냐, EU를 탈퇴하자는 쪽이 집권 하느냐에 따라서 많은 혼란이 예상된다.

장기화된 저성장 기조 속에 고용은 악화되고 삶의 질은 나빠진 상황이라면 기존 정권에 대한 반감은 커질 수밖에 없다. 그러니 국제 사회의 질서를 유지하고 공생을 생각하기보다는 낭상 자국의 이익을 중시해 경제를 살려 일자리를 늘리고 소득 분배 문제를 해결할 수 있을 것 같은 쪽에 표를 주지 않겠는가?

실제로 아베나 트럼프, 푸틴, 시진핑 같은 지도자들이 선출되고 지지를 받는 이유도 여기에 있다. '아우, 나 먹고살기도 힘들어 죽겠는데 공생이고 뭐고 다 필요 없다. 내 손톱 밑의 가시가 제일 아프니까 이거 먼저 빼고 봐야지!'라고 생각하는 것은 어쩌면 당연할지도 모르겠다. 특히 EU 회원국 국민들은 '곳간에서 인심 난다고 내가 먹고살 만해야 '위 아 더 월드'고 좋은 게 좋은 거지, 내가 당장 먹고살기 힘들어 죽겠는데 난민을 왜 수용해서 일자리를 뺏어가고 복지 비용만 늘리냐! EU 회원국으로 있어 봐야 좋은 거 하나도 없다!' 같은 생각을 가진 사람들이 많을 수 있다. 브렉시트를 선언한 영국 국민들처럼 말이다.

올해 있을 여러 선거 결과 새로 선출된 세력 중 EU 탈퇴를 주장하는 입장이 많다면, EU는 결속력이 약해질 수밖에 없고 유럽은 정치적·경제적 혼란을 피할 수 없을 것이다.

미국과 중국을 견제할 수 있는 유일한 경제 협력체였던 EU가 세력이 약해지거나 붕괴하는 것은 글로벌 경제 지형의 큰 변화를 예고한다. 그래서 올해 EU 국가들의 선거 결과를 눈여겨볼 필요가 있다. 이로 인해 당장 글로벌 금융 위기가 오지는 않겠지만 세계 증시에는 분명 변동성이 커지는 요인이 될 테니 말이다.

/ 에이, 설마 도이치뱅크가 망하겠어? /

EU에서 또 하나 지켜봐야 하는 이슈는 은행 부실 문제다. 2008년 금융 위기 이후 EU도 양적 완화를 통해서 경기 부양을 하려고 노력해왔다. '양적 완화가 뭐지? 뉴스에 많이 나오긴 하던데 잘 모르겠다' 하시는 분들을 위해 잠깐 설명하고 넘어가자.

경기를 부양하는 경제 정책은 크게 두 가지가 있다. 하나는 재정 정책, 다른 하나는 통화 정책이다. 국가의 재정 지출을 늘려 공공사업을 벌이고 일자리를 창출하거나 세금을 줄여 개인들의 소비를 증가시키고 경기를 확장시키는 것이 바로 재정 정책이다.

그러면 통화 정책은 무엇일까? 통화 정책에는 통화량 조절, 기준금리 인하, 지급 준비율 인하 이렇게 세 가지가 있다. 이 가운데 시중에 돈을 많이 풀어 경기를 부양하는 것을 통화량 조절이라고 한다. 이것이 바로 양적 완화다. 아하! 이게 양적 완화였다. 그런데 통화량이 늘어나고 기준금리가 인하되고 지급 준비율이 인하되면 왜 경기가 부양되는 것일까? 찬찬히 한번 살펴보자.

국채를 발행해서 통화량을 늘리면 돈의 가치는 어떻게 될까? 그렇다. 가치가 떨어진다. 그럼 기준금리를 인하하면 돈의 가치는 어떻게 될까? 금리는 돈의 가치라고 했다. 그러면 금리가 떨어지면 돈의 가치도 떨어지는 것이다. 결국 기준금리가 인하되면 돈의 가치도 떨어진다. 돈의 가치가 떨어지면 무슨 일이 벌어질까? 은행에 넣어봐야 이자도 얼마 안 주니까 사람들은 소비를 하기 시작하고, 대출 이자가 싸니까 기업들은 은행에서 대출해서 투자를 할 것이다.

지급 준비율이 인하되면 또 무슨 일이 일어날까? 은행은 금융 부실을 막기 위해서 들어오는 저축액을 다 대출해주지 않고 일부는 남겨놓는다. 이것이 지급 준비율이라고 이해하면 된다. 지급 준비율을 낮추면 은행이 가지고 있어야 할 돈은 적어지고 빌려줄 수 있는 돈은 많아진다는 뜻이다. 빌려줄 수 있는 돈이 많아지면 대출 이자는 비싸지겠는가, 싸지겠는가? 빌려줄 돈이 없을 때는 이자를 많이 줘야 빌려줄 것이고, 빌려줄 돈이 많으면 싸게 해줄 테니까 빨리 좀 빌려가라고 하지 않겠는가? 그래서 대출 이자는 싸진다. 이로 인해 기업은 더 싼 비용으로 돈을 빌려서 투자할 수 있으니 기업의 투자가 늘어난다.

이렇게 소비와 투자가 늘어나면 경제는 어떻게 되겠는가? 앞에 GDP의 구조를 외우라고 말씀드린 이유를 이제 아시겠지? 우리 머릿속에 GDP 구조가 딱 자리 잡고 있으면 이럴 때도 소비와 투자가 증가하면 경제가 좋아지는 경기 부양 효과가 생기겠구나 하고 이해가 갈 것이다.

양적 완화를 설명하다가 옆길로 한참 샜지만 이참에 이것도 딱 정리하고 넘어가자.

경기를 부양하기 위한 경제 정책

재정 정책	─ 정부 지출(확장적 예산 편성)
	─ 조세
통화 정책	─ 통화량 증가(양적 완화)
	─ 기준금리 인하
	─ 지급 준비율 인하

어쨌건 2008년 금융 위기 이후 글로벌 경기는 심각하게 침체됐

고 세계 각국은 일제히 양적 완화에 나섰다. 돈을 풀어 경기를 부양하겠다는 것이다. 미국은 2008년부터 계속 달러를 찍어내며 경기 부양을 해왔다. 그리고 어느 정도 회복됐다고 판단했기 때문에 시중에 풀었던 돈을 다시 거둬들이려고 긴축 정책을 쓰며 기준금리를 인상하려는 것이다. 하지만 미국 이외의 다른 나라들은 대부분 금융 위기 이전 수준으로 경기가 회복되지 않았다. 그래서 여전히 양적 완화 기조를 유지하고 있다.

유럽은 EU와 EU의 중앙은행 역할을 하는 ECB^{European Central Bank} (유럽중앙은행)가 공동으로 금융 정책을 편다. 따라서 자국의 경제 상황은 괜찮은데 어쩔 수 없이 양적 완화를 해야 하는 나라도 있는 것이다. 또 은행들이 부실해지면 예대마진을 조정한다든가, 각국이 개별적으로 은행 부실 문제를 개선하기 위해 어떤 조치를 취해야 하는데 그럴 수가 없다. 그러다 보니 위기 대처 능력이 떨어지고 은행 부실 문제가 계속 제기되는 것이다. 도이치뱅크는 코코본드 문제에다가 2008년 금융 위기 때 불완전 판매를 해 미국에서 벌금을 부과받은 문제로 2016년에 잊을만 하면 한 번씩 걱정을 시켰다. 이탈리아에서는 은행들의 부실 채권 비율이 높아 국가에서 이를 해결하고자 한다. 하지만 ECB 정책은 '부실 채권은 투자자가 감당할 문제'라고 선을 긋는다. 따라서 이런 문제들은 앞으로도 계속 불거질 테고, 여러 국가들이 EU 탈퇴를 고민하게 만드는 이유가 되기도 할 것이다. 유럽 은행들의 부실 문제는 2008년 미국의 리먼 브라더스 사태처럼 심각하게 번질 가능성은 높지 않다. 하지만 만약 터지면 그 파급 효과는 어마어마할 것이기 때문에 꾸준히 관심을 가지고 지켜볼 필요가 있다.

IMF에 따르면 유럽의 경제 성장률은 2015년 2.0퍼센트, 2016년 1.7퍼센트였고 2017년 GDP 증가율 전망치는 1.6퍼센트, 2018년 전망치 역시 1.6퍼센트다. 유럽도 저성장 국면을 빨리 벗어나기는 쉽지 않아 보인다. 2017년에는 앞서 말한 것처럼 EU 주요국에 큰 선거들도 많다. 그 결과에 따라 어떤 상황들이 벌어질지, 그것이 우리 경제에 어떤 영향을 미칠지도 관심을 가져야겠다.

지금이 경기 순환 사이클상 어떤 타이밍에 와 있는지 추측하는 것은 정말 쉽지 않은 일이다. 한국의 경제 상황만 이해하면 되는 것이 아니라 이렇게 세계 각국의 경제 상황을 다 살펴봐야 하니 말이다. 그래서 어려울 수 있는 내용이지만 언니가 꼭 알려주고 싶은 마음에 욕심을 내서 정리를 해드렸다. 하지만 이 책을 읽은 후에도 세계 각국의 경제 상황들은 계속 변할 것이고 그에 따라 경기 흐름도 달라질 것이다. 롱텀 뷰로 경기의 큰 흐름을 볼 때는 전문가들의 경제 전망을 참고하거나 직접 GDP 증가율과 전망치를 살펴보며 경기를 예측해보고, 숏텀 뷰로 투자 타이밍을 잡아나갈 때는 분기별, 월별, 주별, 일별로 경기를 예측하고 경제 이슈들을 체크해나가며 언제 사고 언제 팔지 감을 잡아나갈 필요가 있다.

이런 감을 잡는 방법은 Part 4에서 친절히 알려드릴 테니 이제 한숨 돌리고 또 진도를 나가보자.

부자미션

역사를 알면 현재와 미래가 보인다. 특히 자본주의가 시작된 이후 미국과 유럽 그리고 중국 및 세계 주요국들의 근대사를 알면 '트럼프노믹스가 레이건 대통령의 레이거노믹스와 닮았다', '트럼프는 과거 대공황 시대에 루즈벨트 대통령이 뉴딜 정책을 통해 위기를 극복했듯 1조 달러를 풀어 트럼프판 뉴딜 정책을 펴려고 한다' 등의 소리가 무슨 말인지 바로 이해된다.

근대사를 포함해 부자가 되려면 무얼 공부해야 하는지 마지막으로 정리해보자.

1. GDP 증가율과 각종 경제 지표, 전문가들의 경제 전망
2. 주식, 채권, 부동산 등 투자 대상에 대한 공부
3. 자본주의의 역사, 화폐의 역사, 근대사
4. 공부한 것들을 실전에 대입해보며 노하우 익혀나가기

우리에게는 10년 이상의 시간이 주어졌다. 원래 주어진 시간이 많으면 느슨해지게 마련이다. 뭔가를 계획적으로 진행하고 진도를 빼기가 힘들다. 그러니 나름대로 진도표를 만들어 하나하나 배워나가자.

PART 4

오늘부터
취미는,
재테크!

18

(경제 기사,
무엇을 어떻게 봐야 할까?)

/ 제 취미는 재테크, 특기는 경제 기사 읽기입니다 /

"취미가 무엇인가요?"라는 질문에 우리는 늘 음악 감상이나 독서 말고 뭔가 근사한 대답을 하고 싶어 한다. 돈 되는 취미가 있다고 멋지게 이야기할 수 있다면 더 좋겠다. 그래서 그림 보러 동물원 옆 미술관도 가보고, 와인 동호회도 기웃거려 보고, 커피에 관한 책도 읽어보고, 요가나 필라테스도 배우러 다녔지만 작심삼일병이 도져 그만두고 딴 것 찾고 또 그만두기를 반복한다.

무엇인가 새로운 것을 시작하고 몰입하기란 결코 쉬운 일이 아니다. 그게 무엇이건 항상 처음 시작할 때는 많은 시간과 에너지

오늘부터 취미는, 재테크! 203

가 필요하다. 그래서 회사 다니고 아이 키우며 다른 일을 또 하나 벌이기는 쉽지가 않다. 큰 용기와 지구력이 필요하다.

이런 이유로 아직 제대로 된 취미를 찾지 못했다면 새로운 취미로 재테크는 어떠신지? 누군가 "취미가 뭐예요?"라고 물으면 "아, 저는 취미가 재테크예요"라고 대답하자. 이 얼마나 간지 나는 취미인가? 취미가 재테크라니! 그럼 우리가 취미로 삼기로 한 재테크가 도대체 뭔지 그 정의부터 좀 다시 살펴보자. 『대중문화사전』(김기란·최기호, 현실문화연구, 2009)을 찾아보니 재테크의 뜻은 이렇다.

재테크[tech, 財]

보유 자금을 효율적으로 운용하여 최대 이익을 창출하는 방법을 의미한다. 한자 '財務재무'와 영어 'technology'의 합성어인 '재무 테크놀로지'를 줄여 만든 말로 '하이 테크놀로지'의 합성 줄임말인 '하이테크'를 본떠 만들었다. 재테크는 본래 기업 경영에서 사용되던 용어지만, IMF 외환 위기 이후 경제에 대한 관심이 높아지면서 자산을 안전하게 불려나가려는 일반 가계에서도 쓰이게 된 말이다.

일반 가정의 고전적 재테크 방법이던 저축이 2000년대 들어와 연이은 금리 인하와 소액 저축 비과세 제도의 축소 및 폐지에 따라 재테크로서 적절한 역할을 할 수 없게 되자 부동산 투자나 특히 고소득층을 중심으로 한 주식과 펀드 투자 등 위험 부담이 높은 재테크 방법이 인기를 끌게 되었다. 재테크에 대한 일반적 관심과 함께 금융 상품의 다양화에 따른 재테크 전문 지식이 요구되자, 국내 각 금융기관들은 투자 상담 전문가를 은행에 배치했다. 이와 함께 합리적 세금 납부를 통한 세테크와 부동산 투자를 통한 땅테크 상담을 포함하여 개인의 자산을 재테크 관점에서 종합 관리해주는 파이낸셜 플래너라는 직업도 생겨났다.

재테크의 정의가 '내가 가지고 있는 돈을 효율적으로 불려서 최대한의 이익을 창출하는 것'이라니! 우리가 재테크라고 생각했던, 아껴서 적금 넣고 만기되면 예금으로 돌리는 것은 이제 더 이상 재테크가 아니었던 것이다. 세상이 변하니 백과사전에 등재된 재테크의 정의도 이렇게 변했다. 당신만 아직 안 변한 채 적금 넣고 청약저축하고 내 집 마련의 꿈을 꾸고 있을 뿐이다.

재테크만큼 돈이 되는 취미가 있을까? 돈이 되는 취미를 가져야겠는데 도대체 무엇을 해야 좋을지 고민이라면 오늘부터 취미는 재테크로 하자. 취미 생활하면서 돈이 저절로 모이는 신기한 경험을 하게 될 것이다. 나중에 내가 회사를 그만두더라도 '플랜 B'가 되어줄 수 있는 훌륭한 취미로 재테크 이상이 어디 있겠는가 말이다. 게다가 취미 생활을 하면서 자연스레 부자되는 연습도 된다. 결국 부자되는 길을 취미 생활처럼 즐겨보자는 것이다.

어떤 취미라도 몰입해서 배우다 보면 3년에서 5년쯤 후에는 실력이 준프로 정도는 된다. 우리도 꾸준히 취미를 즐기며 나도 부자되는 방법 좀 안다고 풍월 읊는 수준까지 한번 가보자. 그 시작은 우선 경제 기사 읽기다.

/ 돈 안 되는 연예 기사, 돈 되는 경제 기사 /

'빈자는 TV를 보고 부자는 신문을 본다', '재테크를 하려면 경제 뉴스를 챙겨 봐라' 등 뉴스 보라는 말을 엄청 많이 들으니 나도 뭔가 보기는 해야겠다고 생각은 드는데 그때부터 또 고민이 시작된다. 〈중앙일보〉를 봐야 하는지, 〈조선일보〉를 봐야 하는지, 아니면 경제 기사를 주로 볼 거니까 〈매일경제〉나 〈한국경제신문〉을 봐야 하는지 시작하기도 전에 벽에 부딪힌다.

하지만 요즘이 어떤 시대인가? 포털 사이트 경제면에 가면 각 언론사별로 주요 뉴스를 다 보여준다. 스마트폰으로 게임이나 SNS만 하지 말고 이젠 포털 사이트 앱을 통해 경제 뉴스를 보자. 편하고 구독료도 안 든다.

그럼 이제 어떤 신문을 봐야 하는지에 대한 고민은 끝나셨을 테니 지금부터는 무슨 뉴스를 어떻게 봐야 하는지 알아보자.

일단 어떤 뉴스를 봐야 할지 궁금하다면 내가 경제 뉴스를 통해서 무엇을 알고 싶은지부터 먼저 생각해봐야 한다. 뉴스를 통해 첫째로 알아야 할 것은 바로 경기 흐름이다. 경기 흐름은 GDP 증가율을 체크하면 대략 알 수 있고 GDP 증가율은 OECD, IMF, 기획재정부, KDI, 한국은행을 비롯해 각종 민간 경제 연구원들의 홈페이지에 발표된다고 Part 3에서 말씀드렸다. 하지만 사실 IMF에서 발표되는 WEO만 해도 200쪽이 넘는다. 이 방대한 내용을 언제 다 보고 분석한다는 말인가! 게다가 영어다.

한국은행 홈페이지(www.bok.or.kr)에 접속해서 '보도자료' 메뉴에 들어가보면 한국은행이 발표하는 경제 전망이 나온다. 사실 이번에도 한국말인데 읽어도 무슨 말인지 해석이 안 되는 슬픈 경험을 하게 될지도 모른다. 하지만 이런 우리를 위해서 경제부 기자님들이 GDP 증가율이 발표되면 기사로 다 써주시니까 우리는 감사한 마음으로 경제면에 뜬 GDP 관련 기사를 읽어보기로 하자.

하지만 이런 기사들에는 팩트만 쓰여 있는 게 아니라 기자님들의 의견이 들어간 경우가 많기 때문에 우리는 팩트만 확인하고 의견은 참고만 하는 게 좋다. 그 의견을 절대적으로 믿고 투자 타이밍을 잡는 것은 금물이다.

팩트는 기자님들의 기사로 확인하고 경제 전망에 대한 의견은

<한국은행 홈페이지>

거시 경제학자들의 칼럼을 참고하면, 경기 흐름을 이해하고 투자 타이밍을 잡는 데 큰 도움이 된다.

이런 기사들을 찾아보려면 검색 창에 'GDP 증가율', '경제 성장률', '경제 전망', '2017 한국 경제 전망', '2017 세계 경제 전망' 등의 키워드를 입력하시라. 그러면 올해의 경제 전망에 대한 전문가들의 의견을 알 수 있고, 그것을 참고해서 우리도 한 해의 경기 흐름을 짐작해볼 수 있다. 예를 들어 '김광석 2017년 한국 경제 전망'이라는 키워드로 검색하면 여러 칼럼을 찾아볼 수 있다. 김광석 교수는 매주 두 시간씩 수업을 듣는 언니의 거시 경제 선생님이고, 한국에서 거시 경제를 분석해 경제를 전망하는 소수의 전문가 중 한 분이지만, 김광석 교수의 경제 전망만이 정답은 아닐 수 있다. 이런 식으로 칼럼을 읽으면 된다고 안내해드리는 것이니 다른 경제학자들의 의견도 참고하면 된다.

요즘엔 인터넷 강의도 많아서 공부하기도 참 좋다. 그러니 칼럼을 읽어봤다면 이제 오마이스쿨(www.ohmyschool.org)에 접속해서 김광석 교수의 "2017년 한국 경제 전망"을 들어보자. 한결 이해가 쉬워질 것이다. 최진기 선생의 "2017 한국 경제 전망"과 "2017 세계 경제 전망"도 들어보자. 나는 어떤 사람의 의견을 참고할 것인지 혹은 각각 필요한 내용들만 뽑아 참고할 것인지를 정하시면 된다.

또 연말이나 연초에 각 금융사에서 개최하는 경제 전망 세미나에도 참석해보자. 금융사들은 투자자들을 위한 무료 세미나를 자주 개최하니 증권사 홈페이지를 통해 유익한 세미나가 있는지 잘 살펴보고 참석을 계획해보자.

이 정도 공부하면 한 해의 경기가 대략 어떻게 흘러갈 것인지 감이 올 것이다. 이렇게 롱텀 뷰를 먼저 잡은 다음 1년 중 어떤 분기, 어떤 달, 어떤 주에 투자할지 점점 더 세분화해서 투자 의사 결정을 하는 연습을 해보자.

경제 기사들을 통해 우리가 알아야 할 것은 둘째로, Part 3에서 정리해드렸던 글로벌 경제 이슈들이다. 트럼프 정책의 변화나 진행 상황 혹은 프랑스나 EU 회원국들의 향방 등을 다룬 기사들을 꼼꼼히 읽어보자. 이런 글로벌 경제 뉴스는 놓치지 말고 챙겨 봐야 한다.

글로벌 이슈뿐 아니라 국내 이슈를 다룬 기사도 꼭 체크해야 한다. 가령 갤럭시 S8이 출시되었는데 반응이 좋다든가, 사드 배치나 북핵 문제가 어떻게 흘러가는지도 알아야 한다. 이런 것들이 향후 우리 경제에 영향을 줄 수 있고, 단기적으로도 주식 시장에 직접적인 영향을 줄 수 있기 때문이다. 특히 국내 경세 이슈들은 내가 투자하는 종목의 가격에 실시간으로 반영된다. 그러니 내가 투자하는 펀드나 주식의 수익률에 직접적인 영향을 주는 여러 이슈들의 향방을 우리는 꿰고 있어야 한다.

좋아하는 연예인의 열애설이 나면 내 마음은 큰 타격을 받지만 내 주식과 펀드 수익률에는 영향이 없다. 하지만 트럼프 대통령이 북한을 선제 공격할 수도 있다는 뉴스는 내 수익률에 직접적인 타격을 준다. 그러니 연예 뉴스보다 경제 뉴스를 챙겨 봐야 하지 않겠는가?

아직도 경제 전망을 어떻게 보고 어떤 해외 뉴스와 국내 뉴스를 찾아봐야 하는지 잘 모르겠다 하시는 분들을 위해서 언니가 또 세컨드잡 사이트(secondjob.co.kr)에 싹 정리해놓았다. "거시 경제 일기예보"에 경제 전망이나 글로벌 경제 이슈 관련 칼럼을 올려드리고 있고, "뉴스 브리프"에는 주식 시장의 시황과 함께 그날 꼭 읽어볼 만한 기사들을 모아둔다.

이렇게까지 입에 떡을 다 넣어드려도 공부 안 하시는 분들이 분명 계실 것이다. 물가까지 모셔다 드렸으니 이제 물가에서 물을 마실지 말지는 스스로 결정하시라.

19

(살 때와 팔 때를 파악하는 데 도움이 되는 정보들)

/ 투자에는 역시 아침형 인간 /

투자를 잘하려면 아침형 인간이 되는 것이 유리하다. 언니가 투자할 때 가장 중요한 것이 경기 흐름을 예측해서 투자 타이밍을 잡는 것이고, 이를 위해 매일매일 경제 뉴스를 읽으라고 했다. 그런데 나른하고 졸린 오후 시간에 잠도 깰 겸 커피 한잔 마시면서 찾아 읽으면 될 걸 왜 굳이 아침형 인간이 되어야 하냐고?

일단 가장 중요한 것이, 주식 시장은 오전 아홉 시에 개장한다. 시장이 아홉 시에 열린다는 것은 그 시간이 되기 전에 세계 시장 상황을 살펴보고, 환율도 체크하고, 국내외 주요 경제 이슈들을 미리 파악하고 있어야 한다는 뜻이다.

주식 투자 전문가들이 모인 메신저의 단체 대화방은 새벽 여섯 시 반, 늦어도 일곱 시부터는 시끌시끌하다. 주식 시장이 개장하기 전에 미리 정보를 파악하고 투자에 대한 의사 결정을 하는 것이다. 투자는 발 빠른 정보가 생명이기 때문에 늘 아침 일찍 서로 필요한 정보를 교환하고, 뉴스를 찾아보고, 투자에 대한 생각을 정리한다.

올빼미형 인간들은 밤늦게까지 활동하고 아침에는 늦잠을 자거나 출근 준비로 정신없이 바쁘다. 헐레벌떡 버스나 지하철에 뛰어오르거나 혹은 택시를 잡아타고 움직이는 차 안에서 아이라인 그리는 신공을 발휘하며 회사로 간다. 그렇게 혼이 쏙 빠져 출근하면 당장 업무를 시작할 준비조차 안 돼 있는데 뉴스 볼 시간이 어디 있겠는가.

투자하는 사람들은 항상 아침 일찍 일어나 정보를 취합하는 것으로 하루를 시작한다. 일찍 일어나야 하니 저녁에 사람들 만나서 술자리를 갖는 것도 부담스럽다. 그래서 유흥을 즐겨도 토요일이 휴장이니 금요일 밤만 불태운다.

주식 투자에만 해당되는 이야기는 아니다. 부동산에 투자하는 사람들도 마찬가지다. 세상이 어떻게 돌아가는지, 지금 한국 경제 상황이 어떤지 늘 체크하고, 지역별로 어떤 호재나 악재가 있는지 알아보고, 물건 보러 다니고 탐방 가고 하려면 너무 바쁘다. 전날 과음하거나 새벽까지 잠을 자지 않으면 다음 날 심신이 피로하기 때문에 부동산 전문가들도 늘 부지런히 움직인다.

그래서 재테크를 하려면 올빼미형 인간보다는 아침형 인간으로 사는 게 유리하다. 생활이 흐트러지지 않고 정리되어 있으며 규칙적이어야 투자도 잘한다.

그런데도 나는 도저히 아침에 일찍 일어나는 건 못하겠다 하시는 분들은 출근길 지하철 안에서 스마트폰으로 드라마만 보지 말고 유튜브 〈부자언니 쇼〉 채널에서 "마켓데일리"를 들어보시라. 3분 정도만 투자하시면 된다. 매일 아침 일찍 업데이트되는데, 그날그날의 주식 시장 상황과 이에 영향을 미치는 국내외 이슈들을 모아 알려준다.

그러고 나서 핸드폰으로 포털 사이트 앱에 들어가 경제면 주요 기사 제목들을 쓱 훑어보고 중요한 내용이라 생각되는 기사는 클릭해서 읽는다. GDP 증가율이나 주요 경제 지표들이 발표될 때는 시간을 조금 더 들여서 주의 깊게 읽어보자. 매일 아침 커피 한 잔 혹은 몸에 좋은 녹즙 챙겨 먹듯 이런 일들을 매일의 습관으로 만들자.

/ 편리한 앱, 똑똑하게 이용하기 /

투자하고 싶은 대상이 있다면 가격도 매일 체크하자. 그래야 얼마에 사고 얼마에 팔지 세부적인 투자 타이밍을 결정할 수 있으니까. 외환이나 주식, 펀드, ETF^Exchange Traded Funds 같은 금융 상품에 투자한다면 인베스팅닷컴(kr.investing.com)에서 제공하는 앱이 많은 도움이 된다. 이 앱에 들어가면 우리나라를 포함한 주요 해외 시장들의 주가 지수를 볼 수 있다. 또 주요한 해외 주식 종목들의 가격도 보여준다. 내가 관심 있는 종목을 즐겨찾기로 설정해두면 실시간으로 그 종목의 가격을 볼 수 있으니 편리하다. 원/달러 환율, 엔/달러 환율, 원/엔 환율도 볼 수 있다. 만약 달러 투자에 관심이 있다면 매일 원/달러 환율이 얼마인지 체크하면서 가격 변동 폭을 읽고 '아, 이 정도면 내가 봐왔던 1년 중 가장 저점 부근이구나' 혹은 '이 정도면 환율이 비교적 높은 구간에 들어와 있구나' 같은 판단을 할 수 있게 된다. 또한 이 앱은 매일 발표되는 세계 경제 지표 스케줄을 모두 보여주고, 주요 경제 지표는 푸시 알람으로 알려주기 때문에 매우 유용하다. 그리고 유가와 원자재 가격들도 보여준다.

인베스팅닷컴 앱 하나면 주식 투자에 필요한 많은 정보를 한눈에 훑어볼 수 있다. 주식 투자자라면 꼭 설치해두는 앱이니 우리

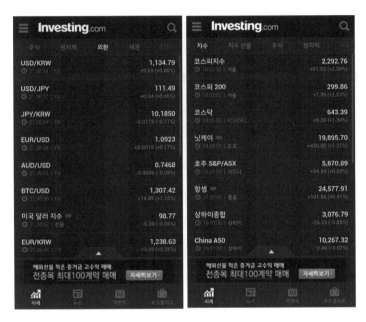

도 잘 활용해보자.

참고할 만한 또 다른 사이트로는 핀비즈닷컴(www.finviz.com)이 있다. 메인 화면에 미국 주식 시장 지도를 보여주는데, 어떤 섹터와 어떤 종목의 수익이 오르고 내렸는지를 색으로 표현해주기 때문에 한눈에 시장을 읽을 수 있어서 유용하다.

그리고 또 하나의 유용한 사이트는 바로 ETF닷컴(www.etf.com)이다. 한국 시장은 유일하게 기관, 외국인, 개인의 수급을 실시간으로 공개한다. 그럼 다른 나라들은 이걸 공개하지 않는다

〈핀비즈닷컴〉

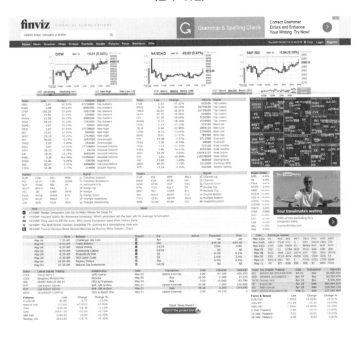

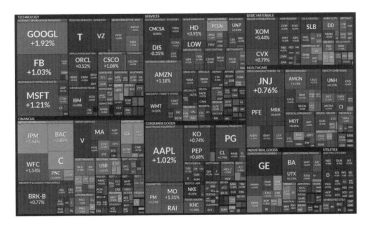

는 것인가? 그렇다. 그래서 다른 나라들은 시장에 돈이 어떻게 흘러들어오고 나가는지 확인하기가 어렵다. 정확히 정리해서 알려주는 곳이 없으니 결국 추측을 해보는 수밖에 없다. 정확한 방법은 아니지만 이렇게 돈의 흐름을 추측하기에 좋은 사이트가 바로 ETF닷컴이다. 예를 들어서 골드 ETF로 돈이 막 몰린다면? 금으로 돈이 몰린다는 것은 시장 변동성이 커서 사람들이 안전 자산을 선호한다고 생각할 수 있다. 그럼 S&P500 ETF에서 돈이 빠져나가고 있다면 미국 주식시장을 낙관적으로 볼 수는 없을 것이다.

이렇게 ETF닷컴을 이용해서 어떤 ETF에 돈이 들고 나는지를 파악해보면 시장의 방향을 대략 읽을 수 있다. 분기별, 월별, 주가별로 확인해볼 수도 있고, 기간도 내가 설정해서 원하는 기간의 흐름만 볼 수도 있다. 전 세계 돈의 흐름을 읽는 것도 재미있을 뿐더러 투자를 하려면 이 정도는 당연히 체크하며 거시적인 방향을 읽어야 한다.

주식에 관심이 있다면 투자하려는 혹은 투자하고 있는 기업의 공시도 챙겨 봐야 한다. 공시는 그 기업이 무슨 사업을 하는지, 영업 실적은 어떻고 재무 상황은 어떤지 등을 투자자들한테 알리는 것이다. 다트DART라는 전자공시시스템 앱을 설치하고 어떤 기업에 어떤 공시가 뜨는지 확인해보자. 특히 '마이페이지'라는 메뉴에 가서 관심 종목을 추가해두면, 그 종목에 관한 공시가 뜰 때 푸

〈국토교통부 실거래가 공개 시스템〉

시 알람으로 알려줘서 아주 유용하다.

전자공시만 잘 활용해도 주식 투자에 큰 도움이 된다. 자세히 공부할 수 있는 책으로 이래학의 『전자공시 100% 활용법』(이레미디어, 2017)을 추천한다. 초보자들이 주식 투자를 할 때 어떻게 공시를 활용해야 하는지 배울 수 있어서 유용하다.

이렇게 관심을 갖고 매일 보다 보면 정말로 투자 타이밍에 대한 감이 잡힌다. 연예 기사 몇 년 읽다 보면 열애설이 터졌을 때 해당 연예인이 어떻게 반응할지, 소속사 공식 입장은 어떻게 나올지 안 봐도 비디오고, 정치 뉴스에 관심 갖고 보다 보면 이 당 국회의원이 한 말에 저 당 국회의원들이 뭐라고 공격하고 나설지 빤히 보인다. 경제 뉴스, 투자 정보도 꾸준히 챙겨 보면 패턴이 보이고 움직임의 방향이 보인다.

부동산에 투자할 생각이 있다면 국토교통부 사이트에 공개되어 있는 실거래가(rt.molit.go.kr)를 확인해보자. 내가 관심 있는 물건의 실거래가를 과거 것부터 쭉 찾아보고 매일 체크하는 습관을 들이면 주택을 사고팔 때도 손해 보지 않는 가격에 거래할 수 있다.

이렇게 한번 쭉 훑어보는 데 5분 정도면 된다. 처음에는 낯선 단어도 많은 데다 뭘 어떻게 보고 어떻게 해석해야 할지 난감해서 시간이 걸릴 수도 있다. 하지만 계속 보다 보면 익숙해져서 길어도 10분이면 모두 훑어볼 수 있다. 이 과정을 영상으로 올려드리는 것이 바로 "마켓데일리"다. 매일 유튜브 〈부자언니 쇼〉의 "마켓데일리"와 세컨드잡의 "뉴스 브리프", 인베스팅닷컴 정도만 확인하시면 경기 상황을 파악하는 데 부족하지 않을 것이다.

이렇게 매일 경기 흐름을 읽고 투자 타이밍에 대한 감을 익혀나가는 것을 아침 습관으로 만들자. 출근길 지하철 안에서 혹은 출근해서 차 한잔 마시는 동안 충분히 할 수 있다.

20

부자될 여자는
주말도 남다르다

/ **퇴근 후에는 막장 드라마 대신 다큐멘터리** /

하루 종일 업무에 치이다 만원 지하철에 시달리며 퇴근해 집에 오면 피곤해서 아무것도 하기 싫어진다. 소파에 가래떡처럼 늘어져서 TV 리모컨을 요리조리 돌리거나 스마트폰으로 멍하니 SNS 뉴스피드를 보는 게 전부다. 이렇게 시간을 보낼 바에야 영양가 있는 다큐멘터리를 시청하자.

잘 아시다시피 다큐멘터리는 대부분이 수면제다. 큰맘 먹고 틀어놓아도 20분쯤 보면 어느새 숙면에 빠져 있다. 아침형 인간이 되기에 얼마나 좋은 습관인가! 더 이상 스마트폰을 꼭 붙든 채 이

밤의 끝을 잡고 눈이 충혈될 때까지 SNS나 유튜브 동영상을 찾아 헤맬 필요가 없다.

피곤하니까 다큐멘터리 보다가 잠들어 다음 날 일찍 일어나 하루를 시작하고, 또 잠들기 전에 어제 다 못 본 다큐멘터리를 틀어두자. 이렇게 하다 보면 그래도 일주일에 다큐멘터리 한 편은 볼 수 있다. 시간이 지날수록 처음에는 지루하기만 했던 것이 점점 재미있어지는 진귀한 경험을 하게 될 것이다. 그러는 동안 우리 뇌는 투자에 필요한 지식들을 점점 더 많이 흡수해나간다.

우리 고객들은 드라마 대신 다큐멘터리를 본다. 여자들끼리 만나면 요즘 유행하는 드라마 이야기를 할 법도 한데 늘 새로 찾아낸 좋은 다큐멘터리를 공유하고 돈 되는 정보를 교환한다. 우리가 그간 그렇게 밤잠 설쳐가며, 몰아 보기 해가며, 눈 나빠져 가며 봤던 〈태양의 후예〉 송중기 님이나 〈도깨비〉의 공유 님이 무엇을 남겨주셨는가? 현실의 남자들은 다 슈렉이나 호빗처럼 보이는 부작용만 주셨을 뿐이다. 그분들 덕분에 눈이 자꾸 높아져서 시집만 더 늦게 가게 생겼다. 그러니 이제 남는 것 없는 드라마 몰아 보기에 시간과 돈을 쓰지 말고 피가 되고 살이 되는 다큐멘터리들을 탐닉해보자.

언니의 추천 다큐멘터리는 KBS2에서 방영되었던 〈돈의 힘〉이다. 『부자언니 부자특강』에서 추천해드렸던 EBS 다큐프라임 〈자본주의〉는 아직 안 보셨다면 꼭 보시고, 이번에는 〈돈의 힘〉이라는 다큐멘터리에 도전해보시라.

〈돈의 힘〉은 무려 6부작이고, 차라리 영어로 듣는 것이 더 낫겠다는 생각이 들만큼 번역이 요상하게 되어 있다. 하지만 꼭 참고 보셔야 한다. 자본주의의 역사를 장장 6부에 걸쳐 보여주는 걸작 다큐멘터리다.

주식이 언제 처음 생겨났는지, 채권으로 돈을 번 최초의 가문은 어디인지부터 시작해 돈의 역사, 은행의 시초, 금융 위기의 배경 등 여러분이 꼭 공부하셔야 할 주옥 같은 내용들이 녹아 있다. 그러니 이제부터 여러분의 저녁 시간과 주말 여유 시간은 이 다큐멘터리와 함께하시기를.

〈돈의 힘〉 말고도 관심을 갖고 봐야 할 다큐멘터리들이 많은데, 특히 4차 산업혁명과 관련해서 방송된 다큐멘터리들을 많이 찾아보시길 추천드린다.

/ 책 읽고 영화 보는 우아한 여자 /

다큐멘터리만 보다가 뇌에 너무 심하게 부하가 걸린다 싶으면 기분 전환도 할 겸 영화를 보자. 영화도 총 쏘고 다 때려 부수고 우주를 지배하는 그런 거 말고 투자자라면 꼭 봐야 할 영화들을 찾아서 보시라. 주식 투자와 관련된 대표적인 영화는 〈더 울프 오브 월스트리트〉, 〈빅쇼트〉, 〈마진 콜〉, 〈겜블〉 등이다.

이 외에도 왜 우리가 이렇게 열심히 살아야 하는지 지칠 때 다시 힘을 북돋아주는 영화들도 챙겨 보자. 〈조이〉, 〈내 이름은 칸〉, 〈행복을 찾아서〉, 〈블랙〉, 〈장밋빛 인생〉, 〈다이애나〉, 〈그레이스 오브 모나코〉 등을 추천드린다.

영화도 좋지만 나는 책 읽는 것이 더 좋다고 하시는 분들을 위해서 책도 몇 권 추천드려보겠다. 우리는 책을 통해서 투자에 필요한 지식을 얻을 수 있고 투자자로서의 마인드 셋에 도움을 받을 수 있다. 주식 투자자라면 꼭 읽어야 할 책으로 하워드 막스^{Howard Marks}의 『투자에 대한 생각』(김경미 옮김, 비즈니스맵, 2012), 나심 니콜라스 탈레브^{Nassim Nicholas Taleb}의 『행운에 속지 마라』(이건 옮김, 중앙북스, 2016)를 추천드리고 싶다.

부동산 관련 서적도 추천해달라는 말씀들을 많이 하시는데 저자 개인의 경험만 가지고 쓴 책은 그다지 추천드리지 않는다. 개인의 경험을 일반화하는 것은 투자에서 가장 위험한 부분 가운데 하나라고 생각하기 때문이다.

이론과 지식을 바탕으로 자신의 경험과 노하우를 축적한 책이라면 몰라도 '이렇게 해보니 이렇더라. 그러니 이렇게 하면 된다'

는 식의 책은 가급적 읽지 않으셨으면 좋겠다. 임동근 교수와 김 종배 시사평론가가 함께 쓴 『메트로폴리스 서울의 탄생』(반비, 2015)이라는 책이 있다. 이 책을 통해서 서울의 부동산 역사를 공부하고 지금의 서울을 이해하는 데 도움을 받으시길 바란다. 이렇게 기본을 먼저 익히면 부동산에 대한 시각이 달라질 것이고 다른 책을 읽어도 이해가 훨씬 빨라질 것이다.

부동산 관련해서 유용한 사이트를 소개해드리겠다. LH(한국토지주택공사)와 SH(서울주택도시공사) 홈페이지를 즐겨찾기해두고 자주 들어가면 유용한 정보를 많이 얻을 수 있다.

- **LH** 홈페이지 www.lh.or.kr   블로그 blog.naver.com/bloglh
- **SH** 홈페이지 www.i-sh.co.kr   블로그 blog.naver.com/together_sh

전세나 월세를 구하거나 주택을 매매할 때는 등기부등본을 꼭 확인해야 한다. 부동산에 투자할 때 가장 기본적으로 보는 것이 등기부등본이고, 이것은 인터넷등기소(www.iros.go.kr)에서 볼 수 있으니 이 사이트도 기억해두자.

이 외에도 국토교통부 토지이용규제정보서비스(luris.molit. go.kr)를 이용하면 토지 관련 정보를 한눈에 파악할 수 있다.

금융결제원이 운영하는 청약 신청 사이트, 아파트투유(www.

apt2you.com)도 유용하다. 그간 내 청약통장에 납입한 금액, 청약 통장 개설 일자를 확인할 수 있고 청약 가점도 계산해볼 수 있어서 아파트 청약 시 이용하면 좋다.

/ 언제까지 밥 먹고 차 마시고 치맥하고 배만 나오는 주말을 보낼 건가? /

열심히 일한 당신, 주말에는 무엇을 하며 시간을 보내시는가? 요즘 뜨는 동네에 가서 친구와 브런치도 먹고 차 마시고 쇼핑하고 영화도 보고 저녁엔 맛있는 것 먹고 맥주도 한잔하는 주말을 보내고 계신가?

그렇다면 이제 우리 주말 풍경을 좀 바꿔보자. 뜨는 동네에 부지런히 다니는 것은 그대로 하셔도 된다. 다만 예전에는 뜨는 동네에 돈을 쓰러 갔다면 이제는 뜨는 동네를 공부하러 가보자.

요즘 뜨는 동네들을 가만히 보니 언제부터인가 강남역이나 홍대 지역처럼 전통적인 대형 상권보다는 해방촌, 성수동 갈비 골목, 서울대 샤로수길, 연남동, 망원동, 문래동, 익선동, 서촌, 북촌처럼 아기자기한 골목길 상권들이 눈에 띈다. 왜 트렌드가 이렇게 바뀌었을까?

우리 자신을 돌아보면 그 답이 나온다. 우리는 언젠가부터 인테리어가 멋있는 큰 음식점이나 카페에 가는 것을 좋아하기 시작했다. 그러다 여기저기 대체로 인테리어가 좋아지자 이제는 허름하더라도 맛있는 집을 찾아다니는 게 유행이 됐다. 너도나도 맛집 동호회에 가입하고 맛집 블로그들이 생겨났다. 그러다 이제는 남들은 모르고 나만 아는 곳, 그곳에 가면 내가 트렌드 리더가 된 듯한 기분도 맛보고 SNS에 올릴 느낌 있는 사진과 이야깃거리가 나오는 곳을 찾기 시작했다. 그렇게 SNS에 아무도 모르는 나만의 트렌디한 카페나 맛집을 올리면 사람들이 '좋아요'를 마구 눌러주고 거기가 어디냐고 관심을 가져준다. 평소에 예쁜 케이크 사진이랑 라떼 아트 사진을 아무리 올려도 관심 없던 사람들이 말이다.

이렇게 우리의 행동 패턴이 변하는 동안 상권 트렌드도 점점 대형에서 골목길 상권으로 옮겨갔다. 이런 골목길 상권이 뜨는 과정을 지켜보면 일련의 흐름이 있다. 처음에는 가난한 아티스트들이 상권이 죽어 월세 저렴한 곳에 공방을 차린다. 공방이 하나둘씩 들어서면서 작은 식당이나 카페가 생겨나고 이렇게 독특한 분위기가 형성되니 사람들이 조금씩 구경 오기 시작한다.

그러다 시간이 지나면서 옷집도 생기고 술집도 생기고 급기야 유명한 카페 프랜차이즈가 자리를 턱 잡는다. 이쯤 되면 아기자기하고 예쁜 매력을 발휘하던 골목길 상권은 끝나버린다. 젠트리피케이션Gentrification이 일어나 아티스트들과 작은 가게 사장님들은 건물에서 쫓겨나거나 비싼 월세를 감당하지 못해 다른 곳으로 옮겨 가고 만다.

이런 과정에서 결국 돈을 버는 것은 장사를 하던 상인도 아니고, 이곳에 매주 돈 쓰러 다녔던 우리도 아니다. 그 골목에 건물을 가진 건물주들이다. 자, 이제 우리가 뜨는 지역에 무엇을 하러 가야 하는지 답이 보이는가?

뜨는 골목길마다 있는 맛집 지도 하나쯤은 온라인에서 쉽게 찾을 수 있다. 그 지도를 들고 지하철역 입구부터 시작해 맛집을 찾아 지도에 표시해보자. 사람들의 동선도 그려보자. 지하철역에서 나와 어느 골목까지 사람들이 가고 어디서부터 인적이 드물어지는지 체크하고, 근처 부동산 중개소에 들어가서 건물 가격과 권리금, 임대료를 알아보자.

건물 살 것도 아닌데 중개소에 어떻게 들어가냐고? 그냥 들어가면 된다. 다만 팁을 드리자면 한 부동산 중개소에는 건물을 사는 사람의 입장으로 방문하고, 다른 중개소에는 건물을 임대하고 싶어 하는 입장으로 가보자. 건물을 사겠다고 하면 아무래도 중개소 사장님들은 월세 수입을 조금 낙관적으로 말씀하시지 않겠는가. 그러니 한쪽에는 사는 사람의 입장으로, 다른 한쪽에는 임대 들어가는 사람의 입장으로 찾아가 임대료를 파악한다면 좀 더 현실적인 월세 수입과 수익률을 계산해낼 수 있다.

일단 들어가기는 들어가겠는데 뭐라고 말해야 할지 막막하고 두렵다 해도 걱정할 필요 없다. 젊은 나이에 10억, 20억 하는 상가 건물을 살 거라고 말하는 게 아무래도 어색하다면 엄마 찬스를 써보자. "저희 어머니가 이제 은퇴를 하셨는데 건강이 좀 안 좋으셔서 제가 건물을 알아보러 다니고 있어요. 금액은 크게 상관없으니 수익률 좋은 상가 건물로 알아보고 싶은데요, 제가 보니 저쪽에 ○○○이라는 곳 장사가 잘되는 것 같던데 그런 건물을 사려면 얼마나 줘야 할까요?"

이렇게 자연스레 물어보시면 된다. 그리고 임대를 알아볼 때는 이렇게 묻자.

"이 동네에서 커피숍을 해보고 싶은데 월세랑 보증금은 어느 정도인가요? 그리고 권리금 있는 곳이 많은가요?"

이때는 장사하는 사람 입장으로 물어보면 되니까 어려울 것이 없다. 중개소 사장님들께는 죄송하지만 추후에 우리가 정말 현금 들고 찾아뵐지 누가 알겠는가. 이렇게 중개소들을 돌며 질문할 때 가장 설명을 잘해주신 사장님을 기억해서 메모해두자. 자주 놀러 가서 사장님과 친분이 생기면 더 좋다. 그 동네에서 투자할 만한 물건들의 정보는 중개소 사장님들이 다 가지고 계시니까 박카스 한 박스 사들고 가서 이것저것 여쭤보며 친하게 지내시라.

이런 식으로 맛집 지도에 표시된 랜드 마크 같은 '핫 플레이스'

들의 가격과 권리금을 알아보고 임대료도 알아내 적어두면 남들은 맛집 지도로 쓰는 그 지도를 우리는 골목길 부동산 지도로 쓸 수 있다.

이렇게 핫 플레이스들을 공부하면서 그다음은 어디가 뜰지 궁리해보자. 서울시를 비롯한 여러 곳에서는 도시재생사업들이 진행되고 있다. 도시재생사업이란 말 그대로 도시를 다시 살리는 사업이다. 활성화되지 않은 역세권을 개발하거나, 공공기관 혹은 군부내가 이전하고 난 빈 자리를 활용하거나, 지역 특색을 살려 관광지로 개발하거나, 낙후된 주거 환경을 개선하는 등의 정책이다. 이런 도시재생사업이 진행되는 곳 가운데 하나가 서울의 해방촌 신흥시장 쪽이다.

이런 내용은 서울주택공사 블로그에 자세히 안내되어 있고, 서울시 이외의 지역은 국토교통부 홈페이지나 블로그에도 관련 내용들이 있으니 참고하시면 된다.

아티스트들이나 상권을 만들어내는 능력이 있는 젊은 사장님들의 움직임도 눈여겨보자. 그들이 움직이는 방향을 참고해 향후 뜰 지역을 추측해보고, 정말 상권이 살아나는지도 확인해보자.

그리고 우리가 골목길 상권의 상가 주인이 된다면, 물가 상승률 이상으로는 월세를 올리지 않는 주인이 되자. 좋은 아이디어와 열정으로 장사하는 멋진 청년들에게 꿈을 이룰 수 있는 무대를 만들어주고 응원하자. 그들의 성공이 내 건물의 가치 상승으로 이어지도록 만들어 서로가 이기는 게임을 하는 멋진 건물주가 되어보자.

/ 분양 홍보관에서 데이트하기 /

핫 플레이스들의 부동산 지도를 그려보는 것도 재미있지만, 이것 말고도 재미있는 게 또 하나 있다. 길을 걷다 보면 '분양 홍보관'이라고 크게 써 붙인 곳 앞에서 물티슈나 부채를 나눠주며 들어와서 구경하라고 하시는 분들이 있다. 그럼 우리는 보통 어떻게 하는가? 거기 들어가면 어디로 잡혀가기라도 하는 듯 팔을 막 저어가며 거절한다. 하지만 전혀 그럴 필요 없다.

분양 홍보관은 누구나 편하게 구경할 수 있는 곳이다. 게다가 안에 들어가면 원두커피도 내려주시고 주스도 주시고 팝콘도 주신다. 그리고 나서 물건을 설명하기 시작하시면 초롱초롱한 눈빛으로 귀담아듣자. 한참 유행했던 수익형 호텔 분양은 어떻게 이루어지는지, 수익은 어떤 식으로 얼마나 나는지, 오피스텔은 어떻고 아파트는 어떤지 여러 분양 홍보관을 다니면서 견문을 넓히자.

친구랑 같이 가도 되고 오빠랑 같이 가도 좋다. 더운 여름에는 지나가다 땀도 식히고 시원한 주스도 얻어 마시고, 추운 겨울에는 몸도 녹이고 따끈한 차도 마시며 부동산 공부까지 할 수 있는데 왜 분양 홍보관을 호환 마마처럼 무서워하시는가?

이렇게 다니다 보면 점점 '기준'이라는 것이 생긴다. '아, 이 정도면 A급 물건이네', '음. 이건 완전 C급 물건인데?' 이렇게 보는 눈이 생긴다. 우리는 아직 이 기준이 없기 때문에 분양하시는 분들이 "사모님, 여기가 트리플 역세권이라서 무지 좋아요! 지하철역 하나는 700미터, 다른 하나는 1킬로미터, 나머지 하나는 1.2킬로미터 떨어져 있는데 이 정도는 뭐 걸어다닐 만하죠. 걸어서 한 10분, 15분이면 가니까요"라고 이야기하면 정말 지하철역 세 개가 있으니 엄청 좋겠다고 생각할 수 있다. 하지만 다른 오피스텔 분양 홍보관에 가보니 이곳은 지하철역까지 도보로 3분이라고 한다. 그렇다면 어디가 진짜 역세권인지 감이 올 것이다.

오피스텔 분양 홍보관 열 군데를 돌아다니며 설명을 들어보면 그 가운데 군계일학이 보인다. 나머지는 설명 들을 때는 좋아 보였지만 군계일학과 비교하니 확실히 매력도가 떨어지는 것을 느낄 것이다. 이런 경험이 많을수록 '이 정도가 A급이야' 하고 구분할 수 있는 기준이라는 것이 생긴다.

분양 홍보관 탐방을 다닐 때 체크 리스트를 만들어서 가지고 다니면 더 좋다. 대상 물건의 반경 몇 킬로미터 내에 대형 마트가 있는가? 주변에 종합병원이나 체육 시설, 방범 시설, 혐오 시설이 있는가? 또 지하철역은 도보로 몇 분이나 걸리는지 직접 걸어보고, 버스 정류장도 걸어서 얼마나 걸리는지 시간을 재보자.

근처에 백화점이나 대형 마트 혹은 지하철역이 새로 생긴다는 등의 소문이 있다면 관공서에 전화해서 담당 공무원과 통화를 해 어디까지, 얼마나 사실인지 확인해보자. 이 사업들이 실제로 진행 중인지, 예정은 있으나 언제 시작될지는 모르는 일인지 거듭 확인해야 한다.

이렇게 체크 리스트를 가지고 다니면서 물건들을 비교하면 그 가운데 우위에 있는 것이 보이고, 물건을 보는 기준도 생길 것이다. 더 이상 분양 홍보관을 무서워하지 말고 취미 삼아 여러 군데 방문하고 공부해보자. 거기 들어가도 아무도 안 잡아가니까 걱정 마시라.

21

(카드 안 긁고
해외여행하는 법)

/ 이제는 배당금으로 투자 여행을 떠나자! /

생각만 해도 정말 간지 난다. 주식 배당금 받아서 가는 여행이라니. 남들은 카드 할부로 가고 여행계 들어서 가고 적금 깨서 여행 갈 때 우리는 배당금 받아서 그 돈으로 여행을 간다니 이 얼마나 멋진 일인가!

요즘은 다들 1년에 한두 번씩은 해외여행을 다닌다. 종잣돈 모아서 그 돈이 벌어오는 수익으로 가시라 아무리 말려도 씨알도 안 먹힌다. 해외여행에 대한 갈망이 어찌나 큰지 갔다 와서 6개월 동안 손가락 빨며 살아도 여행은 다녀야 살겠나 보다.

물론 저가 항공에 저렴한 숙박 예약 사이트들이 여행 경비를 많이 줄여주기는 하지만 어디 그대들이 항공과 숙박에만 돈을 쓰시는가? 출발하기 전부터 인터넷 면세점에서 쿠폰이며 카드 할인이며 일일이 챙겨서 쇼핑을 시작하고 공항 면세점에서 면세품 받으러 가는 길에 또 선글라스 사고 립스틱 산다.

만약 여행지가 동남아라면 마트 싹쓸이로 가방 터질까 걱정하는 정도지만 유럽이나 괌, 하와이라면 명품 가방이나 지갑, 옷을 사서 카드 값 구멍 날 것을 걱정해야 한다. 어디 그뿐인가? 가기 전부터 그 나라에 가면 꼭 사야 할 것들을 검색해 즐겨찾기해두었다가 그걸 사러 가기 위한 동선을 짠다. 이러니 저가 항공 타고 몇십 퍼센트 할인받아서 호텔 예약하면 뭐 하는가. 쇼핑의 여신이 되어 캐리어 하나 더 사들고 귀국하시는데 말이다.

언니가 지금까지 봐온 부자들은 '그냥'이 없었다. 그들은 '그냥 한번 사봤어', '그냥 해봤어'라고 말하지 않는다. 어떤 일을 할 때 그리고 어떤 것에 돈을 쓸 때는 분명한 이유가 있다. 인풋이 있으면 꼭 아웃풋을 만들어낸다. 그냥 한번 해봤는데 결과가 나오면 좋고 아니면 말고가 아니다.

하지만 우리는 늘 그냥 한번 해본다. 그냥 한번 사본다. 그러고 나서 꼭 후회한다. 우리 앞으로 여행 갈 때도 '그냥' 가지 말고 목적을 가지고 스마트하게 가보자. 누누이 말씀드리지만 일단 여행 경비는 내 돈이 벌어다 준 배당금으로 가자. 그럼 구체적으로 어떻게 해야 배당금 받아 여행 갈 수 있는지 설명 나간다.

배당금으로 여행을 가려면 일단 종잣돈이 필요하다. 그 종잣돈을 배당주에 투자하면 다음 해 4월경에 배당금을 지급받는다. 종목마다 배당금 지급률이 다르니 투자하기 전에 배당률을 잘 살펴봐야 한다.

실제로 2016년 11월에 우리 고객들과 'SK텔레콤'이라는 종목에 투자를 했는데 배당률이 약 4퍼센트였다. 만약 2,000만 원이라는 종잣돈을 투자했다면 한 주에 약 9,400원의 배당금을 받아서 2017년 4월에는 80만 원 남짓한 금액을 받을 수 있었을 것이다. 여기서 세금 15.4퍼센트를 제하면 약 68만 원이다. 게다가 당연히 처음 샀던 금액보다 올랐을 때 매도했으니 시세 차익이 10퍼센트 가까이 났다. 2,000만 원의 10퍼센트면 200만 원이고 여기에 배당금까지 합치면 약 268만 원의 수익이 난 셈이다. 우리는 이 중 200만 원은 다시 주식에 투자했고 나머지 배당금만으로 베트남에 다녀왔다.

비수기인 4월에는 대한항공이나 아시아나항공을 이용하더라도 호찌민까지 가는 항공권을 약 30만~40만 원이면 살 수 있다. 조식이 제공되고 시내 관광지를 도보로 다닐 수 있는 위치 좋은 곳의 깔끔한 3성급 호텔도 1박에 4만 원 선이면 예약 가능하다.

〈투자 예시〉

2,000만 원 투자시

【시세 차익】
227,500원 → 250,000원 = +10%(목표 수익)
= 2,000만 원 → 200만 원
★ 수익금 = 200만 원

【배당 수익】
2,000만 원 × 4%(예상 배당) = 80만 원
★ 수익금 = 세후 약 68만 원

총 수익금
2,680,000

호텔 3박에 넉넉잡아 15만 원이라고 해도 친구와 반반 나눠서 내면 7만~8만 원 정도다. 즉 항공과 숙박을 50만 원으로 해결할 수 있다.

다음으로 먹는 것에 들어가는 비용을 생각해보면, 호찌민에서 친구랑 소고기를 배터지게 먹어도 우리 돈으로 3만 원을 넘지 않으니 맛있는 음식을 실컷 먹을 수 있다. 하루에 식비와 디저트 비용으로 1인당 3만 원을 쓴다고 해도 총 10만 원은 넘지 않을 터, 그러니 여행 경비로 60만 원 정도면 충분할 것이다.

물론 마트에 가서 인스턴트커피도 사고 원두도 좀 사면 돈이 더 필요할 것 같지만 베트남은 물가가 싸기 때문에 마트 쇼핑에도 돈이 많이 들지 않는다. 베트남 국민들이 벌어들이는 연 평균 소득은 인당 2,000달러 정도다. 그러면 한 달에 받는 월급이 우리 돈으로 20만 원인 셈이다. 국민 소득이 2만 8,000불이 넘는 우리나라보다 물가가 싼 것은 당연하다.

그런데 왜 하필 호찌민인가? 단지 물가가 싸고 항공권이 저렴해서? 노노노, 천만의 말씀이다. 우리 이제 '그냥'은 하지 말자고 말씀드렸다. 여행지를 선정할 때도 내가 들인 경비 이상으로 무언가를 얻을 수 있는 곳이 어디인지 고민해보자.

호찌민은 '포스트 차이나'로 각광받는 나라 베트남의 경제 수도다. 중국의 수도가 베이징이고 경제 수도는 상하이라면 베트남의 수도는 하노이, 경제 수도는 호찌민이다. 베트남은 2016년 GDP 증가율이 무려 6.2퍼센트였다. 2017년 GDP 증가율 전망치는 더 높아서 6.5퍼센트, 2018년은 6.6퍼센트까지 내다보고 있다.

저렴한 인건비를 앞세워 제조업으로 경제 성장을 이끌던 중국은 이제 예전처럼 인건비가 저렴하지 않다. 공장을 짓고 회사를 운영하려면 예전보다 더 큰 투자 비용을 부담해야 한다. 그래서 많은 기업들이 베트남으로 발 빠르게 공장을 이전하고 있다. 삼성전자도 베트남에 스마트폰 생산 기지를 가지고 있는데, 베트남 전체 GDP에서 삼성전자가 차지하는 비율이 약 8퍼센트에 이른다고 한다.

이렇게 해외 기업들을 유치하며 제조업을 기반으로 빠르게 성장하고 있는 베트남은 인구 약 1억 명 중 70퍼센트 이상이 40대 미만인 젊은 나라다. 이 젊은이들이 앞으로 50~60대까지 일한다면 베트남의 성장 가능성은 매우 긍정적이라고 볼 수 있다.

물론 아시아 신흥국들은 대부분 평균연령이 젊다. 그러나 유독 베트남이 주목받는 이유는 그들의 국민성에서 찾을 수 있다. 이들은 종교 때문에 일하다 말고 기도하러 가지도 않고, 발음을 영어로 표기해서 문맹률도 낮다. 그림처럼 문자를 꼬부랑꼬부랑 그려놓는 언어를 쓰는 나라들은 자국민도 글씨 쓰기가 쉽지 않다고 한다.

또 베트남은 중국이나 우리나라처럼 유교적인 문화가 남아 있어 윗사람에 대한 공경심이 있다. 그래서 자존심만 건드리지 않으면 상사의 지시에 잘 따르고 주어진 일을 열심히 해낸다고 한다. 이런 인적 자원을 가진 나라이기에 다른 아시아 국가들보다 베트남이 더 매력적으로 다가온다. 그래서 엄청난 해외 자본이 베트남으로 몰려들고 있다.

지금 베트남은 부동산 경기가 매우 좋고 주식 시장도 계속 성장하고 있다. 이런 베트남의 경제 수도인 호찌민에 가서 무엇에 투자해야 할지 직접 보고 느끼는 것은 돈 몇 십만 원을 들여도 아깝지 않을 경험이다. 게다가 호찌민 은행에 예금하거나 부동산에 투자할 수 있고, 베트남 주식을 살 수도 있으니 향후 수익이 나면 여행 경비를 다시 한 번 벌 만한 기회도 있다.

호찌민에는 언니의 베트남 부동산 선생님인 김영기 실장님이 계신다. 호찌민 인문사회과학대학에서 베트남학을 전공한 실장님을 통해 베트남의 정치와 역사, 문화에 대해 많이 배울 수 있었다. 특히 인상 깊었던 이야기는, 호찌민 젊은이들은 대학을 졸업해 학사 학위를 받아도 또 다른 학위를 받기 위해 계속 공부하는 경우가 많다는 것이었다. 그만큼 자기 계발에 열정적이란 소리다. 베트남은 대부분의 성인들이 대학을 졸업한 뒤에는 공부하지 않는 다른 나라들에 비해 발전 속도가 매우 빠른 편인데, 그 이유가 여기 있었나 하는 생각이 들었다.

실장님은 40대 중반이지만, 호찌민에 있으면 아직도 청년 같은 느낌이 든다고 했다. 호찌민 자체가 젊고 열정적인 곳이기 때문이리라. 호찌민은 확실히 무엇인가 살아 움직이는, 역동적으로 꿈틀거리는 느낌이 있다. 호찌민에 있으면 언니도 40대 중년이라는 생각보다 뭔가 새로운 일을 해낼 수 있을 것 같다는 에너지가 생긴다. 희망을 갖고 꿈꾸게 된다.

베트남 사람들은 우리 한국인들만큼이나 자존심이 세다. 겉으로는 무뚝뚝해 보이지만 정이 많은 점도 닮았다. 더운 나라지만 새벽부터 움직이는 부지런한 베트남 사람들. 우리처럼 수많은 전쟁

을 치르고 식민지로서 아픔도 겪었지만 세계 최강의 미국도 이겨
먹은 대단한 민족이다. 우리와 비슷한 점이 많고 음식도 최고인 베
트남에 내년에는 꼭 배당금 받아서 여행을 가보시길 추천드린다.

/ 내 돈 쓰고 놀다만 오는 여행은 이제 그만 /

대만도 60만 원 정도면 다녀올 수 있다. 언니가 누군가. 또 직접
가서 경비를 다 계산해봤다. 대만뿐 아니라 홍콩도 저가 항공 타
고 가서 게스트 하우스에서 지내며 경비 계산 다 해봤다. 대만, 홍
콩, 일본, 중국 정도는 배당금 받아 충분히 다녀올 수 있다. 어쨌건
대만은 비수기에 저가 항공을 타고 김포를 출발해 송산 공항에 도
착하는 여정이면 23만~25만 원 선에서 항공권 구매가 가능하다.
조식이 제공되고 지하철역과도 가까운 4성급 호텔 숙박료가 1박
에 9만 원 정도였다. 3박이면 27만~30만 원이라고 해도 둘이 나
누면 15만 원 정도로 숙박비가 해결된다. 이렇게 항공과 숙박비
를 합치면 40만 원, 나머지 20만 원은 3박 4일간 식비로 충분하다.
대만은 투자 여행으로 적합한 곳은 아니다. 하지만 자연이 너무
나 아름답고 음식은 예술의 경지에 이른 나라다. 투자 여행이 아
니라도 한 번쯤 가볼 만하다. 내 돈 들여서 가는 것이 아니라 내 돈

이 보너스로 받아온 돈으로 가는 것이니, 배당금으로 여행 간다는 것 자체만으로 의미가 있다.

물론 아웃풋을 만들어낼 수도 있다. 한국에는 판매되지 않는 제품의 판권을 들여와서 사업을 할 수 있기 때문이다. 대만에 갔더니 '슈가 앤 스파이스' 누가가 정말 맛있어서 한국에 가져오면 잘 팔릴 것 같다는 생각이 들었다. 그래서 언니의 고객들이 모인 커뮤니티에서 꿍짝꿍짝 의논해 우리도 제2의 공차 사장님이 되어보자고 의지에 불타서 본격적으로 추진해보기로 했다. 먼저 언니의 중국인 고객들이 대만에 연락해보기로 했다(언니 고객 가운데는 대륙의 딸들도 있는데 어찌나 호탕하고 시원시원한지 모른다. 결정이 빠르고, 일단 저지르고 나서 생각하는 특성이 있다). 추진력 하나는 끝내주는 대륙의 딸이 본사에 이메일을 보냈다. 하지만 판권을 줄 생각은 없고 한 번에 많은 양을 사면 할인을 조금 해주겠다는 대답만 돌아왔다. 이렇게 겪어보니 정말 평범한 사람이라고 소개되었던, 공차를 들여오신 분은 사실 보통 사람이 아니었구나 깨닫게 됐다.

하지만 우리는 포기하지 않았다. 고객 수가 1,000명이 넘으니 각자 배당금 받아서 여행 다니며 좋은 아이템이 있나 눈 동그랗게 뜨고 찾아보고, 판권을 가져올 수 있으면 함께 추진해보기로 했으니 우리의 제2의 공차 프로젝트는 여전히 진행형이다.

그래도 아무 소득이 없었던 것은 아니다. 대만에 처음 갔을 때 골목길 상권이 눈에 들어왔다. 주택가 사이사이에 예쁜 골목들이 있었고 그곳에 속속 들어찬 작은 카페와 밥집 그리고 술집, 옷집들이 인상 깊었다. 시먼딩 같은 대형 상권보다는 중샤오푸싱이나 중샤오둔화 역 뒤쪽 골목 상권이 더 매력적으로 다가왔다. 이런 곳들을 둘러보면서 일본 요요기 공원 역 주변 주택가 사이에 분위기 좋은 카페와 맛집들이 있었던 것이 기억났다. 그걸 보고 한국도 점점 이런 골목에 개성 있는 작은 가게들이 들어오지 않을까 생각했는데, 실제로 몇 년 후 골목 상권이 생겨나는 것을 보고 대만의 골목들이 다시 떠올랐다.

또 대만의 가게들은 묘한 매력이 있다. 아주 오래된 건물인데 외관은 그대로 두고 내부만 리모델링해 빈티지한 느낌은 살리면서 내부는 독특하고 개성 있는 인테리어로 꾸민 곳이 많다. 요즘 서울의 골목길 가게도 이런 느낌으로 꾸며지는 것을 보면 대만에서 봤던 감각적인 골목들이 오버랩된다. 한국에는 왜 이런 멋진 가게들이 없을까 의아했는데, 불과 몇 년 사이에 빈티지하면서도 새로운 콘텐츠와 스토리가 있는 멋들어진 가게를 차려낸 한국인들의 감각에 감탄을 금할 수 없다.

유튜브 〈부자언니 쇼〉 채널에 대만 여행 정보를 동영상으로 올려뒀으니 대만에 투자 여행을 가실 분들에게 도움이 되면 좋겠다. 고객들과 함께 다녀온 호찌민 투자 여행도 영상으로 올렸으니 그것도 참고하시고, '배당금으로 여행 가기' 세미나는 배당주 투자의 계절이 오면 〈부자언니〉 카페나 세컨드잡 사이트에 공지드리고 오프라인으로 만나뵐 수 있도록 하겠다.

여행에는 분명 휴양의 목적도 있다. 그러나 부자가 될 우리는 관광도 하면서 식견을 넓히고 투자 아이디어도 얻어오는 똑똑한 여행을 하자. 특히 다른 나라에 가면 우리나라의 미래를 내다보거나 과거를 돌아볼 수 있다. 시간 여행인 셈이다.

예전에 일본과 미국에 갔을 때는 정말 타임머신을 타고 미래로 간 느낌이었다. 그런데 2016년 말에 갔던 미국은 예전의 미래 도시가 아니었다. LA와 라스베이거스를 다녀와서 그럴 수도 있겠지만 우리나라와의 격차가 크게 느껴지지 않았다. CES 행사를 돌아보며 역시 미국이 4차 산업혁명을 주도해나가고 있다는 생각은 들었다. 하지만 2주간 에어비앤비와 우버를 이용하며 현지인들처럼 살아본 결과, 한국에는 없고 미국에만 있는 신기한 것들은 거의 찾아볼 수 없었다. 문화적 차이, 사람들의 인식의 차이 등은 있겠지만 그동안 우리 정말 눈부시게 성장했구나 하는 생각에 내심 이 작지만 강한 그리고 세련된 우리 민족이 뿌듯하고 자랑스러웠다.

이렇게 다른 나라에 가서 과거와 미래를 보는 것이 중요한 까닭은 예측 능력을 길러주기 때문이다. 그 나라를 보면서 향후 우리나라는 어떻게 될지 추측할 수 있고, 과거의 우리와 같은 나라가 앞으로는 현재의 우리나라처럼 되리라고 짐작해볼 수 있다. 이를 투자와 연결하면 부자되는 길에 한 걸음 더 다가갈 수 있다.

해외여행에서는 참 배울 것이 많다. 단 배당금 받아서 가자. 그리고 다녀와서는 그 나라에 투자할 수 있는 방법을 여러 가지로 모색해보자. 중국, 베트남, 인도 같은 개발도상국은 현지 주식에 10년 이상 투자해두면 노후 자금뿐 아니라 아이들에게 물려줄 종잣돈까지 만들어지는 훌륭한 투자처다.

『부자언니 부자특강』에서 중국 주식 투자에 대한 아이디어를 드렸지만, 이제는 중국을 넘어서 베트남과 인도까지 고려 대상으로 포함시키시길 바란다. 베트남의 경제 성장률도 눈부시지만, IMF에 따르면 인도의 2016년 GDP 증가율은 6.8퍼센트였다. 2017년 GDP 증가율 전망치는 7.2퍼센트, 2018년은 무려 7.7퍼센트다. 언니는 2017년 초 화폐개혁 결과를 보고 투자를 고려하고 있었기 때문에 인도도 꼭 다녀올 생각이다. 12억 인구의 코끼리 같은 몸체로 엄청난 속력을 내고 있는 인도가 너무 궁금하다. 분명 인도는 베트남과 또 다른 매력이 있을 것이라 생각한다.

/ 생각도 투자도 글로벌하게 /

그런데 우리의 노후 준비와 내 아이의 교육 자금, 종잣돈 만들어주기 프로젝트는 꼭 개발도상국 주식이나 부동산에 투자하는 방법밖에 없을까? 아니, 미국도 있다.

4차 산업혁명이 이미 세상을 바꾸고 있다. 제조업을 기반으로 성장하는 개발도상국들이 있다면, 미국은 4차 산업혁명의 핵심 기술을 가지고 다시 한 번 세계를 호령할 나라다. 미국에는 마이크로소프트, 아마존, 페이스북, 구글, 테슬라, 엔비디아, 인텔, IBM 등 기라성 같은 기업들이 있다. 이런 기업들은 자율 주행 자동차를 만들어내고, 인공지능 스피커가 우리의 비서 역할을 하도록 세상을 바꾸고 있다.

앞으로 10년 후 세상은 어떻게 변해 있을까? 이런 기업들이 세상을 다시 한 번 움켜쥐고 바꿔나갈 것이라는 시나리오는 그저 상상만이 아닐 것이다. 이런 회사들에 내 자산 중 일부를 없는 셈 치고 10년간 묻어놓자. 개발도상국은 변동성이 큰 시장이지만 미국은 자본 시장이 이미 선진화되어 있기 때문에 훨씬 안정적이다. 따라서 미국의 글로벌 기업 그리고 필수 소비재를 만드는 개발도상국 기업에 함께 투자한다면 보다 리스크를 줄일 수 있을 것이다.

한국은 이미 성장세가 많이 둔화된 나라다. 그런데 왜 우리는 꼭 우리나라에서만 돈을 불려야 한다고 생각하는가? 이제는 생각도 글로벌하게, 투자도 글로벌하게 할 때다. 이런 환경에서 투자 대상국으로 여행을 가보고 듣고 느끼고 살피고 오는 것은 아주 중요한 일이다. 이 나라 사람들은 어느 회사 음료를 가장 많이 마시는지, 어떤 화장품이 제일 인기 있는지, 젊은이들은 스마트폰을 얼마나 많이 가지고 다니는지, 어떤 기업이 국민들의 사랑을 가장 많이 받는지 관심만 있다면 충분히 알 수 있다. 이렇게 경험한 것들을 투자에 연결시키자. 어차피 1년에 한두 번은 갈 해외여행, 이왕이면 투자 아이디어를 찾아오자.

또 여행을 나갈 때만 환전을 달러로 하는 게 유리한지 여행 갈 나라의 돈으로 바로 바꿔 가는 게 유리한지 그리고 언제 환전을 해야 조금이라도 더 싼 환율 덕을 보고 수수료도 아낄 수 있는지 고민할 게 아니라, 평소에도 내 통장에 한국 돈이 있는 것이 유리한지 달러가 있는 것이 유리한지 생각해봐야 한다.

환율에 따라 어떤 해는 내 통장에 달러가 들어 있는 것이 훨씬 유리하다. 또 어떤 해는 달러 가치가 크게 오를 것 같지는 않은데 변동성은 커서 달러를 계속 보유하는 것이 별로 효율적이지 않을 때도 있다. 만약 해외 주식에 투자하려고 생각한다면 이런 해에는 투자할 금액 정도만 환전하라. 환전할 때도 변동성이 크다는 것을 염두에 두고 한 번에 다 환전하기보다 예상 투자금 중 비중을 나눠서 일부씩만 환전하는 것이 좋다.

해외 주식에 투자를 하건 하지 않건 분명한 것은, 어떤 해이건 우리는 늘 원화와 달러 중 어떤 것이 더 유리한지를 고민해야 한다는 것이다. 앞서 소개해드렸던 인베스팅닷컴 앱을 통해서 환율을 매일 체크하는 것도 투자 의사 결정을 하기 위해서 아주 중요하다. 늘 환율에 대한 고민도 놓치지 않는 글로벌 투자자가 되도록 하자.

언젠가 기회가 주어진다면 중국, 베트남, 인도 그리고 자본주의의 메카인 미국에도 한국식 자산관리법을 알려주고 싶다. 한국뿐 아니라 전 세계 사람들이 지금 우리가 함께 공부하는 이 방식으로 경제를 보고 자신의 돈을 불려나갈 수 있다면 얼마나 좋을까? 그들에게 '우리는 이렇게 스마트하게 자산을 관리한다'고 꼭 자랑하고 노하우도 전수해줄 날이 머지않았으리라. 그러니 언니와 함께 열심히 공부하셔서 전 세계인들의 재테크 롤 모델이 되어주시면 좋겠다.

/ 좋은 자산관리사를 고르는 법 /

이 책을 읽으며 이건 이렇게 하고 저건 저렇게 하면 되겠구나 싶다가도 막상 내 돈으로 투자를 시작하려면 막막하기만 하다. 그럴 때 여러분은 또 녹색 창으로 달려가 '자산관리', '1억 만들기', '자산관리사', '재무 설계', '무료 재무 설계', '재테크' 같은 키워드들을 입력하며 연관 검색어까지 다 훑어보겠지? 무료로 상담해준다는 사람들은 보험 가입하라고 하는 거 아니냐고 의심도 곁들여가면서 말이다. 안 봐도 그림이고 못 봐도 비디오다.

사람은 누구나 자신의 수준으로 상대를 본다. 내가 어떤 상품에 가입해야 수익이 나는지만 궁금해하는 수준이라면 어떤 자산관리사를 만나게 되실 것 같은가? 상품 세일즈만 하는 사람을 만나게 된다. 당연하지 않겠는가?

반면 내가 원하는 것이 경기를 먼저 예측해서 지금은 어떤 것에 투자하는 것이 좋고 경기 흐름에 따라 어떻게 내 돈의 위치를 바꿔야 하는지에 대한 운용 전략이나 시스템을 가지는 것이라면, 이를 서포트할 수 있는 정도의 자산관리사를 선택하게 될 것이다. 금융 상품의 장점만 나열하는 자산관리사는 메리트가 없기 때문이다.

우리가 만날 수 있는 금융권 전문가들은 증권사의 PB, 은행의 창구 직원, 보험사의 보험 설계사, 재무 컨설팅 회사의 재무 설계사 정도일 것이다. 그런데 대부분의 증권사 PB들은 고액 계좌를 가진 고객이 아니면 개인 상담이나 주식 관리를 거의 해주지 않는다. 증권 회사 창구에서 종합거래계좌를 만들면서 담당 PB를 정해달라고 요청하면 대부분 그 지점의 신입 PB를 내보내거나 창구에 있는 직원들이 응대하고 끝나는 경우가 많다. 물론 그렇지 않은 증권사도 있겠지만 증권사에 근무하는 이들에게 물어보면 이것이 현실임을 알 수 있을 것이다.

은행은 또 어떤가? 은행 창구에 계신 분들과 장시간 상담이 가능한가? 상품에 대한 질문과 대답 이상으로 자산관리를 상담받을 수 있는 상황도, 환경도 아니다. 우리도 은행 창구 저 너머 VIP PB 센터로 들어가고 싶지만 아무도 아는 체해주지 않는다.

그나마 직장인들이 쉽게 만날 수 있는 자산관리사가 보험회사에 적을 둔 보험설계사 가운데 자산관리사 콘셉트로 일하는 분들 혹은 재무컨설팅회사에서 일하는 재무설계사들이다. 이런 분들은 주변에 정말 많은 데다 상담도 무료고 회사나 집 근처 커피숍까지 찾아와 상담해주신다. 하지만 우리는 이제 오랜 경험과 소문으로 안다. 이런 분들을 만날 경우 10년 비과세 장기 저축이나 종신보험, 암보험, 연금보험, 변액 상품 등에 가입해야 한다는 사실을.

그러나 너무 낙담하지 말자. 이런 분들 중에서도 자산관리가 무엇인지 자신만의 철학을 가지고 일하시는 멋진 분들이 있다. 그런 분들을 어디 가서 만나야 하는지는 언니도 모르겠지만 분명 숨은 고수들이 계실 것이다. 친구나 지인들에게 소개받거나 인터넷에서 광고하고 있는 자산관리 상담을 받아보자. 여러 명을 만나다 보면 그중 고수를 가려낼 수 있을 것이다.

하지만 처음부터 내 자산 다 보여주며 지금 잘하고 있는지 앞으로 어떻게 해야 하는지 물어보면 답도 그에 관해서만 들을 수 있다. 그러니 누가 고수인지 분간하기 힘든 상황에서는 질문을 바꿔보자. 지금 경기가 어떻다고 생각하는지, 앞으로는 어떻게 될 거라고 보는지, 유럽에서 누가 대통령이 되면 어떤 일이 벌어지고 우리 투자에는 어떤 영향을 끼칠지, 트럼프의 정책 기조 중 우리나라에 가장 큰 영향을 미치는 것은 무엇인지 등을 먼저 물어보자. 이렇게 그의 생각이 내 생각과 같은지, 충분히 설득력이 있으며 받아들일 만한 조언인지 생각해보자.

그다음에는 고객의 자산을 운용하는 콘셉트가 무엇인지 질문하자. "어떤 상품에 가입해야 수익이 잘 나나요?"라는 질문은 제발 좀 넣어두시길. 이 정도만 체크해도 자산관리사의 수준이 대략 파악된다. 정말 고수를 만났다면, 스스로 공부하면서 조언을 듣고 금융 상품도 관리받는 좋은 인연으로 이어가면 된다.

요즘 SNS를 보면 외제 차 핸들과 명품 시계, 명품 가방, 관리 받은 피부 사진을 올려놓고 억대 연봉이라는 해시 태그를 달아놓은, 유능한 자산관리사가 되고 싶은 것인지 셀럽이 되고 싶은 것인지 구분이 안 가는 사람들이 넘쳐난다. 문제는 이런 사람들의 팔로워가 예상 밖으로 많다는 것이다. '좋아요' 수도 엄청 많다. 과연 이런 사람들이 자신의 돈 관리를 제대로 하고 있다고 생각하는가? 자기 돈 관리도 제대로 못하는 사람들이 어떻게 고객의 자산을 관리할 수 있을까 생각해보셔야 한다.

언니가 아는 훌륭한 자산관리사들은 SNS에 절대로 그런 사진들을 올리지 않는다. 경기를 보는 자신의 관점과 최근 경제 동향, 고객들이 꼭 알았으면 하는 주요 경제 이슈 혹은 돈에 대한 태도, 인생을 살아가는 태도에 대한 생각을 글로 올린다. 사치스러운 생활이 아니라 얼마나 열심히 살고 있는지를 보여준다.

부자가 되려면 체질을 개선하라고 말씀드렸는데, 여러분의 자산관리사가 될 사람이라면 이미 이런 체질을 가진 사람이어야 한다. 그 사람이 속한 금융사가 어디인지는 중요하지 않다. 외모가 어쩐지 호감이 간다거나 괜히 신뢰감이 든다는 느낌에 따라서도 안 된다. 또한 친구라서 혹은 예전 직장 동료라서 또는 엄마 친구라서 인연을 맺는다면 결국 인간관계도 망가지고 내 돈도 망가진다.

그 자산관리사의 철학과 내 철학이 같은 곳을 바라보는지가 중요하다. 또 내가 원하는 자산관리의 수준을 명확히 정리해두고 이에 맞는 능력과 신의가 있는 이와 인연을 맺으셔야 한다. 우리는 항상 "나는 잘 모르는데 그 사람이 전문가라서 시키는 대로 했다. 그런데 이렇게 손해를 봤다"고 이야기하지만 그 사람을 고른 것은 우리 자신이다.

다시 한 번 말하지만 내 돈을 자산관리사가 알아서 관리해주는 일은 일어나지 않는다. 부자들도 자산관리는 스스로 한다. 다만 자산관리사나 회계사 같은 전문가들에게 정보를 얻고 조언을 구할 뿐이다. 자산관리는 과외가 아니라 자율학습이고, 자산관리사는 코치 같은 존재다. 자산관리사의 조언을 듣되 진도를 조절하며 목표 지점까지 가는 것은 온전히 내 몫이다.

어떤 관계든 오래 잘 유지하려면 서로에게 원하는 것과 각자의 역할을 처음부터 명확하게 해두어야 한다. 그리고 각자 이에 부합하는 노력을 해야 한다.

진도 잘 나가고 계신가요?

재테크를 하다 보면 가장 힘든 점이 열정이 사그라지는 것이리라. 우리는 무엇이든 요요를 겪지 않으면 안 되는 체질로 태어났는지 다이어트할 때처럼 재테크를 할 때도 꼭 요요가 온다. 어떤 일이든 꾸준히 오래하면 뭐가 되도 되련만 어찌 그리 의지가 박약한지 슬프기 짝이 없다.

하지만 이렇게 생겨먹은 걸 어쩌겠는가. 나뿐만 아니라 대부분의 사람들이 다 그렇다. 어쩌면 요요 없이 독하게 해내는 사람들이 오히려 비정상인지도 모른다.

재테크를 꾸준히 해나가려면, 내가 지금 어디쯤 와 있는가를 파악하는 것이 중요하다. 어떤 일이든 지금 내가 어디 있고 앞으로 얼마나 더 가야 하는지를 알면 중간에 포기하지 않을 수 있다. 그 래서 공부할 때는 진도표를 만들고, 재테크를 할 때는 로드맵을 그려야 한다. 『부자언니 부자특강』에서 로드맵 그리는 방법을 자세히 알려드리고 매달 그려보시라고 말씀드렸는데 마치 처음 들어보는 이야기인 것처럼 청순한 표정을 짓고 계시는 건 아니겠지?

재테크는 15년 이상 꾸준히 해나가야 하는 것이다 보니 초반에 너무 스피드를 내면 그만큼 빨리 지친다. 그렇다고 너무 쉬엄쉬엄 해도 돈이 불어나지 않는다. 그러니 적당히 진도를 조절하자. 그리고 지금 내 상황이 너무 바쁘고 힘들다면 잠시 속도를 늦추며 완급을 조절하자. 물론 어느 때고 완전히 멈춰 서서는 안 된다.

평정심을 유지하는 것도 중요하다. 우리는 새로운 사실을 알게 되면 쉽게 흥분한다.

"와! 베트남 은행에 예금하면 이자를 6.5퍼센트나 준다고?"

마음은 이미 베트남 은행에 가서 통장을 한 열 개 만들었다. 불나방도 이런 불나방들이 없다. 개발도상국 주식은 어떻게 투자해야 하는지도 벌써 포털 사이트에서 눈이 충혈되고 머리가 지끈거리도록 알아보셨으리라. 그런데 막상 실천에 옮기려니 생각처럼 쉽지 않다. 그러면 또 양은 냄비 식듯이 금세 식어버린다.

아침에는 맑았다가 오후에는 흐렸다가 밤이 되면 센티해지고 괜히 서글퍼지는 사람은, 미안하지만 재테크에 성공할 확률이 높지 않다. 투자해놓고 수익률에 따라 일희일비하는 사람들은 아마 너무 스트레스를 받아 암에 걸리거나 원형 탈모가 생길지도 모른다.

투자는 냉철하게 판단하고 그것을 담담하게 유지하며 끝까지 인내할 수 있는 강인한 정신력이 필요한 게임이다. 진정한 고수들은 공포에 사고 탐욕에 판다. 반대로 우리는 공포에 팔고 탐욕에 산다. 감정 조절이 쉽지 않은 사람들은 늘 공포와 탐욕 사이에서 갈등하고 괴로워한다. 그렇게 자신을 괴롭힐 바엔 투자를 뭐 하러 하나? 수익이 나도 병원비가 더 들게 생겼는데.

투자자는 항상 평정심을 유지하고 생활도 안정적으로 꾸려가야 한다. 회사 생활에 문제가 있거나 연애가 잘 안 되거나 부부 사이가 좋지 않으면 감정적으로 힘들고 예민해진다. 이런 상황에서 투자까지 내 마음처럼 잘 안 되면 재테크고 뭐고 다 때려치우거나 한동안 신경을 꺼버린다.

모든 건 마음에 달렸다고 하지 않는가. 재테크도 그 사람의 마음에 모든 것이 달렸다. 그래서 우리는 내 마음을 스스로 다스릴 줄 아는 방법 하나쯤은 가지고 있어야 한다. 그것이 하느님께 기도를 하는 것이라도 좋고 언니처럼 부처님식 수행이라도 좋다. 어른들을 위한 색칠 공부를 해도 좋고 뜨개질을 하거나 구슬을 꿰어도 좋다. 원래 마음이라는 것은 계속해서 돌아다니는 게 특징이다. 그런데 마음이 계속 돌아다니면 어떤가? 그렇다. 아주 피곤하다. 생각이 꼬리에 꼬리를 물고 이어지고 그 생각에 마음이 끌려다니니 피곤해질 수밖에. 그래서 마음을 한군데에 가만히 머물러있게 하면 편안해진다. 기도할 때가 그렇고 수행할 때가 그렇고색칠 공부할 때가 그렇다.

상담을 하다 보면 열에 서넛은 색칠 공부가 필요한 여자들이다. 마음들이 감기 몸살에 걸려 있다. 이런 사람들은 투자해서 돈 많이 벌면 마음이 힘들지 않고 행복해질 거라고 생각한다. 하지만 부자된다고 어디 마음까지 건강해지나. 돈 많은 부모 덕에 대궐 같은집에서 공주처럼 자란 여자도, 부자 남편 만나 기사 딸린 차 타고쇼핑 다니는 여자도 뚜껑을 열어보면 다 아픈 데가 있다. 누구나조금씩 문제가 있다. 어쩌면 그런 문제들을 해결해가는 과정이 인생 아닐까?

물론 경제적인 문제가 해결되면 마음이 훨씬 안정되고 여유로워진다. 하지만 그렇다고 모든 문제가 다 해결되는 것은 아니다. 그러니 얼른 부자가 돼서 힘든 마음으로부터 벗어나야겠다고 생각하기보다 마음부터 잘 다독이고 다스려야 부자가 될 수 있다고생각하는 것이 맞다.

그간 너무 애쓰고 산 내 마음부터 먼저 보살펴주자. 그리고 나서 마음을 단단히 먹고, 그렇다고 너무 서두르지는 말고 한 걸음한 걸음 힘 있게 뚜벅뚜벅 걸어나가자. 재테크는 과외가 아니다.

자율학습이다. 누군가에게 의존할 생각하지 말고 언니가 알려드린 대로 공부를 시작해보시길. 그렇게 하다가 잘 모르는 게 있거나 궁금한 게 있을 때는 〈부자언니〉 카페나 유튜브 채널 등 다양한 매체를 열어두었으니 질문하고 소통하면 된다. 하지만 스스로 공부해보지도 않고 무조건 질문부터 던지는 것은, 정중하게 사양한다.

힘들면 쉬어가기도 하면서 돈을 담는 큰 그릇으로 성장해나가자. 우리 주변에서 쉽게 찾아볼 수 없는 멋있는 부자, 그거 우리가 되어보자. 우리는 피 한 방울 흘리지 않고 광장에 촛불을 밝혀 세상을 바꾸고 있는 사람들이다.

그렇게 대단한 우리가 멋진 자본가로 성장해 번 돈을 사회로 돌려주는 방법도 고민하는 부자가 되자. 더 이상 다른 선진국들의 중산층 기준을 부러워하지 말기로 하자. 우리나라는 전쟁이 끝나고 경제가 성장하기 시작한 지 불과 몇 십 년 지나지 않았다. 하지만 프랑스 대혁명은 1800년대에 일어났다. 국가마다 다 사회적 나이가 존재하는 것이다. 그러니 성숙한 나이의 나라들이 가진 중산층 기준과 아직 성장해가고 있는 우리의 기준은 다를 수밖에 없는 것 아니겠는가?

멋진 중산층의 기준도 다시 써보자. 특히 돈에 대한 이야기, 부자에 대한 이야기를 다시 써보자. 언니는 다들 '헬조선'이라 부르는 이 나라의 희망은 바로 우리들 자신이라고 믿는다. 건강이 허락하는 한 여러분 뒤에서 언니가 베이스캠프처럼 든든하게 지키고 있을 테니 뒤돌아보지 말고 용감하고 씩씩하게 뚜벅뚜벅 걸어가 보자.